ATRIUM

Die Diskriminierung aufgrund von sozialer Herkunft und Position bestimmt unsere Gesellschaft grundlegend. Klassismus wirkt schon vor der Geburt und bis über den Tod hinaus. So ist etwa der Zugang zu Bildung oder Gesundheitsversorgung davon geprägt, und selbst die Art, wie wir bestattet werden. Klassismus kann sogar lebensbedrohlich werden. Und die längerfristige gesellschaftliche Entwicklung verschärft die sozialen Unterschiede, die Schere zwischen Arm und Reich geht seit Jahren immer weiter auseinander, die Schranken zwischen den Klassen verfestigen sich. Trotzdem wurde Klassismus bislang kaum beachtet. Das muss sich dringend ändern! Denn nur, wenn wir uns mit Klassismus auseinandersetzen, ist eine sozial gerechte Gesellschaft möglich.

Francis Seeck

ZU–GANG VER–WEHRT

Keine Chance in der Klassengesellschaft: wie Klassismus soziale Ungleichheit fördert

Atrium Verlag · Zürich

FSC
www.fsc.org
MIX
Papier aus verantwortungsvollen Quellen
FSC® C014496

Originalausgabe
2. Auflage 2022

Umschlaggestaltung: Annemike Werth, Hamburg
© Autor:innenfoto: Lotte Ostermann
Satz: Pinkuin Satz und Datentechnik, Berlin
Druck und Bindung: GGP Media GmbH, Pößneck
Printed in Germany
ISBN 978-3-85535-128-2

www.atrium-verlag.com
www.facebook.com/atriumverlag
www.instagram.com/atriumverlag

Inhalt

Einleitung

»Wir müssen ein bisschen aufpassen, dass wir uns nicht alle daran gewöhnen, dass wir ohne Arbeit leben können.« Mit diesen Worten warnte Friedrich Merz im September 2020 in einem Interview.[1] Er befürchtete, dass Menschen, die während der Coronapandemie ihre Lohnarbeit verloren haben, keine Lust mehr auf Arbeit hätten. Damit rief er ein Bild auf, das nicht neu ist: das Bild der faulen und arbeitsunwilligen Erwerbslosen. Das sogenannte Unterschichten-TV zum Beispiel lebt von solchen Klischees. Erwerbslose werden als dumm, faul, frech und ungepflegt dargestellt, und es wird der Eindruck erweckt, sie seien selbst schuld an ihrer Situation. Es herrscht die Vorstellung, arme Menschen seien materialistisch, könnten nicht sparen und würden das Geld zum Fenster rauswerfen – Geld, das ihnen nicht einmal gehöre, da sie es vom Staat beziehen. Als Kind einer alleinerziehenden, erwerbslosen Mutter ist mir dieses Vorurteil immer wieder begegnet. Ein Beispiel aus meiner Schulzeit fällt mir ein: Am Wochenende hatten meine Mutter und ich einen schönen Abend miteinander verbracht, wir waren in einer Pizzeria essen gewesen. Am Montagmorgen sprach mich eine Erzieherin an.

»Ich habe dich am Wochenende mit deiner Mutter in der Pizzeria am Zickenplatz gesehen«, bemerkte sie.

»Ja«, antwortete ich fröhlich.

Sie musterte mich kritisch. »Wie könnt ihr euch das leisten? Ihr bezieht doch Sozialhilfe. Ihr kriegt vom Staat alles zugeschoben.«

Mich überkam eine Welle von Scham. Der Kommentar der Erzieherin gab mir das Gefühl, etwas Verbotenes getan zu haben. »Deine Mutter ist faul, und ein schöner Abend in der Pizzeria steht euch nicht zu«, das war es, was sie eigentlich hatte sagen wollen, das verstand ich sehr wohl. Offenbar standen wir unter Beobachtung: Wenn man erwerbslos war, sollte man leiden und sich nichts gönnen, denn schuld an der Erwerbslosigkeit sei man selbst. Erst Jahrzehnte später sollte ich begreifen, dass ich an jenem Montag Klassismus erfahren hatte: Diskriminierung aufgrund von Klassenherkunft. Endlich fand ich einen Begriff für die Abwertungen, die bereits meine früheste Kindheit geprägt hatten.[2]

Diskriminierung aufgrund von Klassenherkunft und Klassenzugehörigkeit passiert ständig, und nicht nur in Form von Vorurteilen gegenüber Erwerbslosen. Klassismus durchzieht unser ganzes Leben: Er beginnt schon vor der Geburt und reicht bis über den Tod hinaus. Klassismus zeigt sich auf dem Wohnungsmarkt und äußert sich bei Fragen der Gesundheit. Klassismus lädt Menschen aus dem Kulturbereich aus und prägt politische Debatten, zum Beispiel wenn diese »übersehen«, dass vielen Familien der Platz fehlt, um Kindern beim coronabedingten Homeschooling ein eigenes Arbeitszimmer zur Verfügung zu stellen. Er ist an der Schule zu finden, wenn Mitschüler:innen Vornamen wie Kevin oder Chantal lustig finden oder Lehrkräfte gegenüber Kindern mit einem solchen Namen Vorurteile hegen. Klassismus liegt auch in unserer Sprache. Begriffe wie »bildungsfern«, »sozial schwach«, »prollig« oder »einfache Leute« spiegeln wider, wie auf Menschen aus der Arbeiter:innen- oder Armutsklasse herabgeschaut wird. Mit Worten wie »arbeitsscheu« oder »asozial« wurden schon im Nationalsozialismus jene Menschen für minderwertig erklärt, die im Rahmen der sogenannten Aktion »Arbeitsscheu Reich« in Konzentrationslager eingewiesen und systematisch ermordet wurden. Trotzdem werden die Begriffe noch heute verwendet. Klassismus zeigt sich auch darin, dass die nationalsozialistische Verfolgung von Sexarbeiter:innen, Bettler:innen, Jugendlichen aus Heimen sowie Menschen, die sich nicht in das Lohnarbeitssystem einfügten, bis heute kaum aufgearbeitet ist.[3] Nach wie vor gibt es für diese Opfergruppe keine offizielle Gedenkstätte.

Und auch das Vorurteil, dass arme Menschen selbst an ihrer Situation schuld seien, ist Klassismus. Die Vorstellung wälzt ein gesamtgesellschaftliches Problem auf einzelne Personen ab. Sie ignoriert unter anderem eine Entwicklung, die tief in den Strukturen unserer Gesellschaft liegt: Seit Jahrzehnten wächst die soziale Ungleichheit. Die Schere zwischen Arm und Reich geht stetig weiter auseinander, während sozialer Aufstieg immer schwieriger wird. Wer arm geboren wird, bleibt meist arm, und wer reich geboren wird, bleibt reich, dies betont eine Studie der OECD. In Deutschland dauert es durchschnittlich sechs Generationen, bis Personen aus einkommensarmen Familien das Durchschnittseinkommen erreichen.[4]

Der Verteilungsbericht des Wirtschafts- und Sozialwissenschaftlichen Instituts (WSI) aus dem Jahr 2020 zeigt: In Deutschland verfügt das reichste Zehntel über 65 Prozent des Gesamtvermögens, während die untere Hälfte nur 1 Prozent des Gesamtvermögens besitzt. Von diesen unteren 50 Prozent wiederum haben 20 Prozent überhaupt kein Vermögen oder sind sogar verschuldet. Auch in der Schweiz ist die Verteilung äußerst ungleich: Das reichste Prozent besitzt 40 Prozent des Gesamtvermögens.[5] Dies gilt ebenso für Österreich. Dort besitzen die einkommensärmeren 50 Prozent der Haushalte gemeinsam nur 2,5 Prozent des Gesamtvermögens.[6]

Die bestehende Ungleichheit wird weltweit verschärft durch die Klimakrise: Die zehn reichsten Prozent der Menschheit verursachen ein Drittel der Emissionen. Am stärksten betroffen, am verletzlichsten für die Auswirkungen der Klimakrise – Fluten und Nahrungsmittelknappheit, Dürren und Brände – sind demgegenüber arme Menschen und Bevölkerungsgruppen im Globalen Süden.[7] Diese Entwicklungen sind Ergebnis eines unsichtbaren Kampfes, der in unserer Gesellschaft ausgefochten wird, eines Kampfes um die Verteilung gesellschaftlichen Wohlstands. Rechtspopulistische und rechtsextreme Parteien haben dies erkannt, sie vereinnahmen das Thema soziale Gerechtigkeit[8] und schüren Ängste. Sie spielen die benachteiligten Gruppen gegeneinander aus und treiben so die Spaltung unserer Gesellschaft voran. Die tatsächlichen Gründe für die Ungleichheit ignorieren sie jedoch.

Fakt ist: Wir leben in einer Klassengesellschaft. Für viele aus der Mittelklasse mag diese unsichtbar sein. Aber »unten«, wo Armut, Ausbeutung und klassenbezogene

Abwertung vorherrschen, ist sie spürbar. Uns wurde jahrzehntelang erzählt, Deutschland sei keine Klassengesellschaft, das sei ein altmodischer Begriff. Alle, die hart arbeiten, könnten es in der sogenannten Leistungsgesellschaft nach oben schaffen. Doch Studien zeigen, dass gesellschaftlicher Aufstieg immer schwerer wird und Menschen nach Kategorien wie Job und Bildungsniveau in Hierarchien eingeteilt werden; Hierarchien, die sich entlang des Klassenbegriffs bewegen. Diejenigen, die sich unten in der Hierarchie befinden, werden abgewertet, ökonomisch ausgebeutet und ihnen werden Zugänge verwehrt.

Klassismus stellt eine ernstzunehmende Gefahr für den Zusammenhalt der Gesellschaft dar.[9] Menschenverachtende Einstellungen gegenüber langzeiterwerbslosen und obdachlosen Menschen nehmen enorm zu.[10] Auch mehren sich die Angriffe von rechts gegen wohnungslose und erwerbslose Menschen. Klassismus als Ideologie dient dazu, vorhandene Klassenverhältnisse – und damit Machtverhältnisse – aufrechtzuerhalten.[11] Um Ungleichheit und Diskriminierung aufzudecken und dagegen vorgehen zu können, ist es deshalb unumgänglich, dass wir uns der Diskriminierungsform Klassismus zuwenden, denn Klassismus verwehrt Zugänge, Klassismus fördert soziale Ungleichheit. Wenn wir eine gerechte Gesellschaft erreichen wollen, müssen wir uns dem entgegenstellen.

Kapitel 1:

Klassismus: Die ignorierte Diskriminierungsform

Der Begriff Klassismus bezeichnet die Diskriminierung aufgrund von Klassenherkunft oder Klassenzugehörigkeit. Klassismus ist also eine gesellschaftliche Unterdrückungsform, so wie etwa Rassismus und Sexismus.[1] Diese Unterdrückungsform richtet sich gegen Menschen aus der Armuts- oder Arbeiter:innenklasse, zum Beispiel einkommensarme, erwerbslose oder wohnungslose Menschen. Sie trifft aber auch Arbeiter:innenkinder und richtet sich außerdem gegen Menschen bestimmter nichtakademischer, körperlicher oder praktischer Berufe, etwa gegen Bäuer:innen oder Handwerker:innen. Klassismus dient der Abwertung, Ausgrenzung und Ausbeutung von Menschen und der Aufrechterhaltung und Legitimierung von sozialer Ungleichheit in der Gesellschaft. Er hat Auswirkungen auf die Lebenserwartung und begrenzt den Zugang zu Wohnraum, Bildungsabschlüssen, Gesundheitsversorgung, Teilhabe, Anerkennung, Netzwerken, Macht und Geld. Klassismus führt dazu, dass Menschen entlang von ihrem Einkommen, ihrem Beruf und ihren Bildungsabschlüssen hierarchisiert werden.[2]

Bei Klassismus geht es also nicht zuletzt um Hierarchie und Zugang zu Macht. Folglich gibt es in unserer Gesellschaft auch keinen Klassismus gegen reiche Menschen oder die Mittelklasse – ebenso wie es keinen Rassismus gegen *weiße* Menschen gibt.[3] Denn Personen, die gesellschaftlich Macht innehaben, können strukturelle Diskriminierung ausüben, andersherum ist das nicht möglich. Vorurteile gibt es gegen alle Klassen, aber das Unterdrückungsverhältnis Klassismus funktioniert nur von oben nach unten.

Dazu gehört nicht nur, dass bestimmte Gruppen von Benachteiligung betroffen sind, sondern auch, dass andere Gruppen Vorteile genießen: Klassenprivilegien sind das Gegenstück zu klassistischer Diskriminierung, und sie sollten in der Debatte um Klassismus gleichermaßen thematisiert werden. »Geld ist nicht so wichtig«? »Geld ist nicht alles«? Sich über Geld wenig oder keine Gedanken machen und beim Einkaufen nicht auf den Preis achten zu müssen, ist ein Klassenprivileg. Sich nie Sorgen machen zu müssen, wie man die eigene Miete bezahlen kann, ist ebenfalls Ausdruck klassenbezogener Privilegien. Es ist ein Privileg, entscheiden zu können, wann man einen Job annimmt und wie lange man ihn ausüben möchte. In Urlaub fahren zu können. Nie aus Kostengründen eine Mahlzeit ausfallen lassen zu müssen. Zugang zu medizinischer Versorgung zu haben. Nicht auf öffentliche Verkehrsmittel angewiesen zu sein. Ein eigenes Zimmer zur Verfügung zu haben. Oder eine eigene Wohnung. Ein eigenes Haus oder gar mehrere. Immer ein eigenes Zuhause gehabt zu haben. Sich in der Nachbarschaft sicher zu fühlen. Etwas unkompliziert ersetzen zu können, wenn es kaputtgeht. Jemanden anderes anstellen zu können, um das eigene Zuhause sauber zu machen.

Es ist auch ein Privileg, politisch von Menschen

vertreten zu werden, die ähnliche Erfahrungen und Lebenswege haben: Im Bundestag gibt es nur wenige Abgeordnete, die nicht studiert haben. Oder die eigenen Lebensumstände in Literatur oder im Film gespiegelt zu bekommen: In den meisten TV-Serien und Filmen haben sämtliche Familien große Häuser und gut bezahlte Jobs. Der Grund für diese Privilegien ist: Die Mittelklasse stellt in dieser Gesellschaft die Norm dar – das heißt, sie gilt als normal –, während Personen aus der Arbeiter:innenklasse als Abweichung behandelt werden.

Die sozialen Unterschiede unserer Gesellschaft hat uns die Coronapandemie auf unübersehbare Weise vor Augen geführt. Erwerbslosigkeit und unsichere Beschäftigungsverhältnisse nahmen zu. Einige wenige wurden reicher, und Klassenprivilegien wurden offensichtlicher. Die einen konnten es sich zu Hause gemütlich machen, im Homeoffice arbeiten, sich Essen nach Hause bestellen und sich durch Rückzug vor dem Virus schützen; die anderen mussten sich beispielsweise als Pfleger:innen oder Verkäufer:innen weiter gering entlohnt dem Virus aussetzen. Die einen verbrachten den Lockdown in komfortablen, lichtdurchfluteten Häusern mit eigenem Garten. Die anderen saßen in engen und dunklen Wohnungen fest oder hatten als Wohnungslose gar keinen Ort, an dem sie in Sicherheit waren. Die Journalistin und Autorin Nelli Tügel stellt fest, dass vor dem Coronavirus nicht alle gleich sind:

> »Wer etwa in beengten räumlichen Verhältnissen lebt, ist verletzlicher als Personen, die sich in ihre großzügigen Häuser zurückziehen können. Wer darauf

angewiesen ist, mit dem öffentlichen Nahverkehr zum Ort der Lohnarbeit zu fahren, ist wesentlich anfälliger für eine Ansteckung als andere. Gerade auch unter den besonders vulnerablen alten Menschen sind viele, die arbeiten gehen müssen, um ihre Rente aufzustocken.«[4]

Die soziale Ungleichheit ist enorm: Die acht reichsten Menschen weltweit besitzen ein Vermögen von 426,2 Milliarden US-Dollar, sie besitzen damit so viel wie die ärmere Hälfte der Weltbevölkerung.[5] Während der Coronapandemie hat sie sich zusätzlich weiter verschärft. Seit März 2020 wurden in Deutschland mehr als 600 000 Menschen erwerbslos. Im April waren rund sechs Millionen Menschen in Kurzarbeit, mehr als in der Finanzkrise 2008 und 2009, ein Rekord. Die Armutsquote ist mit 15,9 Prozent in Deutschland laut Armutsbericht des Paritätischen Gesamtverbandes so hoch wie seit der Wiedervereinigung nicht mehr.[6] Auch in der Schweiz ist nahezu jede sechste Person von Armut bedroht.[7] In Österreich sind 17,5 Prozent der Bevölkerung armutsgefährdet.[8] Auf der anderen Seite wächst das Vermögen der Milliardär:innen seit Beginn der Coronapandemie weiter, in Deutschland und weltweit. Der Präsident des Deutschen Instituts für Wirtschaftsforschung Marcel Fratzscher schreibt dazu: »Während die Wirtschaft eingebrochen ist, haben die 2700 Milliardäre weltweit im Corona-Jahr ihr Vermögen um 60 Prozent gesteigert. Was für eine perverse Entwicklung«.[9] Als Gründe benennt er die boomenden Aktienmärkte, die Annahme staatlicher Hilfen und Kurzarbeit der Arbeiter:innen bei gleichzeitiger Ausschüttung der Dividenden an die Aktionär:innen.[10] Auch die zehn reichsten Deutschen verbuchten Ende des Jahres 2020 eine Steigerung ihres Vermögens um 35 Prozent gegenüber Februar 2019.

Klassismus wurde als Thema lange ignoriert, obwohl er äußerst wirkmächtig ist. Anders als die Diskriminierungsformen Sexismus und Rassismus war Klassismus bis vor Kurzem beinahe unbekannt.

Nachdem Andreas Kemper und Heike Weinbach vor über zehn Jahren das Buch *Klassismus. Eine Einführung* veröffentlicht hatten, geschah zunächst wenig. Dies ändert sich nun. Jüngst erschienen in Deutschland mehrere literarische und autobiografische Bücher, die sich mit dem Thema Klasse auseinandersetzen. Bekannt wurden insbesondere Christian Barons *Ein Mann seiner Klasse*, Anna Mayrs *Die Elenden*, Daniela Dröschers *Zeige deine Klasse* und Deniz Ohdes *Streulicht*. Vorausgegangen waren vielbeachtete Übersetzungen aus dem Französischen: *Rückkehr nach Reims* von Didier Eribon, *Das Ende von Eddy* von Édouard Louis, *Die Jahre* von Annie Ernaux. Auch im Bereich Sachbuch tut sich etwas: Im Jahr 2021 wurden kurz nacheinander die Sammelbände *Solidarisch gegen Klassismus*, herausgegeben von Brigitte Theißl und mir, sowie *Klasse und Kampf*, herausgegeben von Christian Baron und Maria Barankow, veröffentlicht.

Es wird immer deutlicher: Wir müssen über unsere Klassengesellschaft und über Klassismus reden. Ich selbst arbeite beruflich zu Klassismus. Bei meiner Tätigkeit als Antidiskriminierungstrainer:in erlebe ich, wie notwendig und unsichtbar zugleich das Thema in der Antidiskriminierungsarbeit ist. Als Wissenschaftler:in gehe ich dem Thema forschend nach. Mit diesem Buch zeige ich nun, wie Klassismus unsere Gesellschaft grundlegend prägt und warum wir uns dagegenstellen müssen. Dabei beziehe ich mich vor allem auf die vergessenen und ignorierten Debatten aus feministischen, queeren und Schwarzen Bewegungen, außerdem auf Analysen jener, die nicht sozial aufgestiegen sind. Denn Klassismus ist kein Begriff, der von *weißen* Männern am Schreibtisch erfunden wurde, auch wenn innerhalb der Debatte bisweilen dieser Eindruck entstehen kann.

Die Wurzeln der Klassismusdebatte liegen in feministischen und lesbischen Bewegungen vergangener Jahrzehnte.[11] US-amerikanische (lesbische) Feministinnen setzten sich bereits in den 1970er-Jahren mit Klassenunterschieden und Klassismus auseinander.[12] Der Begriff Klassismus, oder »classism«, tauchte nach aktuellem Forschungsstand erstmals 1974 in Sozialen Bewegungen auf, nämlich bei der US-amerikanischen lesbischen Gruppe The Furies; die Beteiligten wiesen damit auf Klassenunterschiede in der Frauenbewegung hin.[13] Schwarze Feministinnen wie bell hooks machten früh darauf aufmerksam, dass die verschiedenen Unterdrückungskategorien zusammenhängen, sich gegenseitig bedingen und im Zusammenspiel auch eigene Formen der Diskriminierung entstehen lassen. Sie haben etwa gezeigt, dass Klassismus und Rassismus aufs Engste miteinander verwoben sind.[14]

In (West-)Deutschland organisierten sich in den 1970er- und 1980er-Jahren Arbeiter:innentöchter an Hochschulen und machten auf Klassismus im Bildungskontext und auf seine Verschränkung mit Sexismus aufmerksam.[15] Ab den späten 1980ern gründeten sich im Umfeld der Frauenbewegung Proll-Lesbengruppen, in denen sich Lesben aus der Arbeiter:innen- und Armutsklasse organisierten und gegen Klassismus kämpften. Sie entwarfen Strategien gegen soziale Ungleichheit und richteten ein Umverteilungskonto ein.[16] 1988 wurde die Publikation *Scheidelinien. Über Sexismus, Rassismus und Klassismus* von der niederländischen Feministin Anja Meulenbelt ins Deutsche übersetzt; darin wird Klassismus in Verschränkung mit anderen Unterdrückungsverhältnissen untersucht. Klassismus ist also keinesfalls ein neuer Begriff, in der Breite wurde er aber nicht zur Kenntnis genommen. Es wird schon lange über Klassismus als Diskriminierungskategorie gesprochen, aber nur selten zugehört. Das ändert sich nun.

Ich schreibe dieses Buch, um Menschen für Klassismus zu sensibilisieren, damit wir gemeinsam für eine sozial gerechtere Gesellschaft kämpfen können. Wir müssen über Klassismus sprechen und uns gegen Klassismus einsetzen – und das auch mit Blick auf die Überschneidungen mit anderen Machtverhältnissen.

Wenn wir über Klassismus reden, müssen wir auch auf unsere Sprache achten, denn viele Begriffe haben eine problematische Geschichte hinter sich, wie sich am Beispiel von »asozial« sehen lässt, oder sie haben, wenn genau hingeschaut wird, eine diskriminierende Bedeutung, wie etwa die Formulierung »sozial schwach«. Was meine eigene Wortwahl betrifft, werde ich in diesem Buch viel von Klassenherkunft und Klassenzugehörigkeit sprechen. Die Bezeichnungen soziale Herkunft und sozialer Status verwende ich nicht, denn sie können mit dem Familienstatus oder mit sozialen Fähigkeiten verwechselt werden und deshalb verwirrend sein. Das

Wort Klasse transportiert außerdem sehr viel besser die Festigkeit der Schranken in unserer Klassengesellschaft: Die meisten Menschen bleiben, wie bereits ausgeführt, derzeit in der Klasse, in die sie geboren wurden. Klassenmobilität ist wieder eine Seltenheit.[17]

Kapitel 2:

In eine Klasse geboren werden

Bei unserer Geburt werden wir nicht nur einem Geschlecht zugewiesen, sondern wir werden auch in eine soziale Klasse hineingeworfen, die unser Leben ganz maßgeblich bestimmen wird. Spielt Geld keine Rolle, wenn das Kinderzimmer eingerichtet werden soll, ist es einfach da, um dem Kind finanzielle Sicherheit zu bieten – oder ist es knapp? Kommen wir in einem Geburtshaus zur Welt, über private Zuzahlungen finanziert, oder in einem öffentlichen Krankenhaus, in dem Personal- und Bettenmangel die Regel sind? Bestimmen Zukunftsängste der Bezugspersonen das Denken oder herrscht Sicherheit? Hier heißt es nicht blau oder rosa, sondern Geld oder kein Geld. Auch Geburts- und Wohnort prägen unser Leben entscheidend: Ist es laut oder ruhig? Wie ist die Nachbar:innenschaft, wer lebt dort? Welchen Ruf hat die Gegend? In welche sozialen Beziehungen ist die Familie eingebunden? Unsere Geburt wirft uns in eine Welt, die mit mehr oder weniger Sicherheit und Ressourcen ausgestattet ist; sie ist auch die Geburt in eine soziale Klasse. Dass dies über die Frage des Geldes hinausgeht, macht die Autorin Donna Langston deutlich:

> »Die Klasse, in die jemand geboren wird, prägt das Verständnis für die Welt und die Zugehörigkeit. Die Klasse bestimmt die Ideen, das Verhalten, Einstellung, Wertigkeiten und Sprache. Sie bestimmt, wie jemand denkt, fühlt, handelt, aussieht, spricht, sich bewegt, [...] sie bestimmt die Arbeit, die wir als Erwachsene machen. [...] Klasse betrifft alle Bereiche unseres Lebens. [...] In anderen Worten: Klasse ist ein soziales Konstrukt und allumfassend.«[1]

Spätestens zur Geburt kriegt jeder Mensch einen Vornamen. Auch er ist in unserer Gesellschaft ein Marker von Klasse. Ob man Kevin oder Maximilian, Chantal oder Katharina heißt, macht einen Unterschied. Studien zeigen, dass bei gleicher Qualifikation und identischen Bewerbungsunterlagen Menschen, deren Namen mit der »Unterschicht« assoziiert werden, seltener zu Bewerbungsgesprächen eingeladen werden als Personen, die der Mittelklasse zugeordnet werden. Die Vorurteile gegenüber denjenigen, die Kevin oder Chantal heißen, sind so groß, dass es dafür sogar einen eigenen Begriff gibt: Kevinismus. Diesen Vorurteilen nach seien Menschen mit solchen Vornamen dumm und faul. Auch Vornamen, die türkisch oder arabisch sind oder als solche interpretiert werden, ordnet die Mehrheitsgesellschaft der Arbeiter:innen- oder Armutsklasse zu. Sie sind demnach ein Merkmal für Migration *und* Klasse, die Namensträger:innen haben es mit einer doppelten Diskriminierung zu tun. Rassismus und Klassismus wirken zusammen. Auch der Nachname, der bei der Geburt mitgegeben wird, kann Hinweise auf die eigene Klassenherkunft enthalten. Nicht nur sexistische Verhältnisse spielen eine Rolle – noch immer bekommen die allermeisten Personen den Nachnamen des Vaters –, sondern auch klassistische. In der Oberklasse, insbesondere im Adel, ist der eigene Nachname oft mit Stolz verbunden, Familienstammbäume und -geschichten werden aufgearbeitet und überliefert.

Manche Kinder sind auf dieser Welt gesellschaftlich willkommen, andere nicht. Manche Familien kriegen viel Unterstützung, andere wenig. Der Begriff »kinderreiche Familien« ist in Medien und Politik ein Synonym für materiell arme und migrantische Familien – und klar negativ aufgeladen.[2] Daniel Bahr von der FDP sagte 2005 in einem Interview: »In Deutschland bekommen die Falschen die Kinder. Es ist falsch, dass in diesem Land nur die sozial Schwachen die Kinder kriegen.«[3] Solche Aussagen werden seit Jahrzehnten wiederholt. Beklagt wird die Kinderlosigkeit von Akademiker:innen, während andererseits darüber diskutiert wird, wie man Arbeiter:innen und armen Menschen Verhütungsmittel schmackhaft machen könne.

Thilo Sarrazin beschrieb 2010 arbeitslose Menschen als überflüssig, als eine Last, als einen Bevölkerungsteil, der sich »auswachsen« müsse.[4] Er beklagte die höhere Geburtenrate einkommensarmer und migrantischer Personen – und machte als gesellschaftliche Gefahr aus, dass sich deren vorgeblich geringere Intelligenz vererben würde. Damit vertrat Sarrazin eine klassistische Idee, die an die Zwangssterilisationen sogenannter Asozialer im Nationalsozialismus erinnert.[5]

Laut dem Klassismusforscher Andreas Kemper ist auch die Familienpolitik von Klassismus durchzogen.[6] Konkret fand der familienpolitische Klassismus in

Deutschland seinen Niederschlag 2008, als das Erziehungsgeld durch ein einkommensbezogenes Elterngeld ersetzt wurde. Die Politik fördert Eltern aus der Mittelklasse, sie bekommen Zuschüsse und Zuschläge. Bei Hartz IV wird das Kindergeld dagegen mit dem Regelsatz verrechnet. Damit zeigt die Politik deutlich: Die Mittelklasse soll Kinder bekommen, Hartz-IV-Bezieher:innen lieber nicht. Während Akademiker:innenfamilien sich vermehren sollen, wird einkommensarmen Frauen vorgeworfen, Kinder nur wegen der Sozialhilfe zu bekommen – in den USA gibt es dafür sogar einen eigenen klassistischen Begriff: »welfare queen«, Sozialhilfe-Königin.

Klassismus prägt familienpolitische Debatten; befürwortet und gefördert wird die Geburt von Mittel- und Oberklassekindern.[7] Babys kommen also bereits als in unterschiedlichem Maße von der Gesellschaft gewollt auf die Welt. Wir leben in einer Gesellschaft, die so tut, als gäbe es keine Klassen mehr, als käme es allein auf die Leistung an – dabei zählt unsere Klassenherkunft seit unserem ersten Atemzug.

Wie wirkt sich das Aufwachsen in einer bestimmten Klasse auf die Lebensmöglichkeiten innerhalb einer Gesellschaft aus? Darum geht es im Kern bei der Frage nach der Diskriminierung aufgrund der Klassenherkunft. Kinder merken schon früh, wenn ihre Familie einkommensarm ist und sie deswegen als weniger wert gelten. Wir spüren von Beginn an, was uns unsere Gesellschaft zugesteht und welche Zugänge sie uns verwehrt. Wir verinnerlichen also, welche Klassenposition uns zugeteilt wird. In der Soziologie nennen wir diese Verinnerlichung von Klasse auch Habitus. Regeln, Körpersprache und Selbstbewusstsein werden je nach Klassenherkunft erlernt, oft unbewusst: Wie man geht – gebeugt oder selbstbewusst –, wie man spricht und in welchen Räumen man sich wohlfühlt, all dies sind Merkmale für Klasse.

Was meine ich eigentlich mit Klasse? Viele denken, der Begriff Klasse sei veraltet, und haben Bilder aus dem Bergbau, von Metallern oder Arbeitern in Automobilfabriken im Kopf. Nur selten wird der Begriff auch mit Reinigungskräften, Paketzusteller:innen und Pflegepersonal assoziiert. Oder mit Lehrer:innen, Manager:innen und Ärzt:innen. Mit der Zuordnung zu einer Klasse wird zuerst einmal die soziale Position benannt, die eine Person innerhalb der Gesellschaft einnimmt. Wenn man dann im Ganzen darauf schaut, wie die verschiedenen Klassenpositionen verteilt werden, kann man beobachten, wie soziale Ungleichheit hergestellt wird.[8]

Die Ungleichheit aufgrund von Klassenposition und -herkunft wird im Begriff Klassismus zusammengefasst. Klassismus meint dabei zum einen das System der Ungleichheit und zum anderen die Diskriminierungen, die es in unserer Gesellschaft aufgrund von Klassenposition oder -herkunft gibt. Diese Diskriminierung ist in den Strukturen der Gesellschaft und von Institutionen verankert, wird aber auch von Einzelpersonen ausgeübt und verinnerlicht.[9] Es ist unumgänglich, ebenso andere Diskriminierungsformen wie Sexismus und Rassismus mitzudenken, wenn wir über Klassismus nachdenken, wie schon die Feminist:innen in den 1970ern und 1980ern gefordert haben. Denn anders als in unserer althergebrachten Vorstellung ist die Arbeiter:innenklasse nicht allein *weiß* und männlich. Viele Menschen, die Klassismus erleben, sind auch von anderen Diskriminierungen betroffen. Daran muss sich die Debatte ausrichten, um Spaltungen entgegenzuwirken. Zusammen können diese Diskriminierungen spezifische Benachteiligungen ergeben, die nur Menschen erleben, die zum Beispiel sowohl von Klassismus als auch von Rassismus und Sexismus betroffen sind.

Die Schriftstellerin und feministische Aktivistin Rita Mae Brown versteht Klasse folgendermaßen:

> »Klasse bedeutet weit mehr als die marxistische Definition von Beziehungen im Spiegel der Produktionsverhältnisse. Klasse schließt dein Verhalten und deine fundamentalen Überzeugungen mit ein; wie du gelernt hast, dich zu verhalten; was du von dir und anderen erwarten darfst; deine Idee von der Zukunft, wie du Probleme verstehst und löst; wie du denkst, fühlst, handelst.«[10]

Das Zitat deutet an, wie Karl Marx Klasse verstanden hat: Für ihn ist Klassenzugehörigkeit Ergebnis der Stellung einer Person im Produktionsprozess. In seiner Theorie stehen sich zwei Klassen gegenüber: die Bourgeoisie (Kapitalist:innen), die Produktionsmittel wie Maschinen, Fabriken oder Land besitzt, und das Proletariat (Arbeiter:innen), das keine Produktionsmittel hat und seine Arbeitskraft verkaufen muss. Arbeiter:innen werden dabei in ein Ausbeutungsverhältnis gezwungen, in dem sich Kapitalist:innen das Arbeitsergebnis der Arbeiter:innen, den sogenannten Mehrwert, aneignen.

Marx' Verständnis von Klasse betrachtet allerdings nur ökonomische Verhältnisse. Bei Klasse geht es, wie der Soziologe Pierre Bourdieu 1982 beschrieb, jedoch um den Zugang zu oder das Abgeschnittensein von verschiedenen Formen von Kapital. Eines davon ist das ökonomische Kapital, das Marx analysiert. Dieses betrifft die grundlegende Frage des Zugangs zu Vermögen, Besitz und Eigentum und deren Verteilung. Die eigene Klassenposition hängt hier von der Frage ab: Wirst du erben oder nicht? Hast du Vermögen und Besitz oder nicht? Wie hoch ist dein Einkommen?

Daneben spielt aber auch kulturelles Kapital eine Rolle. Dieses kann die Form von Objekten annehmen, beispielsweise als Cello, als Klavier oder als Bücherregal, gefüllt mit Suhrkamp-Werken, vielleicht gut sichtbar platziert, etwa im Bildhintergrund bei einer Onlinekonferenz. Solche kulturellen Objekte – und auch kulturelle Praktiken – werden in unserer Gesellschaft bewertet, sie werden, je nachdem, welcher Klasse sie zugeordnet werden, in eine Hierarchie eingeordnet. Diese Hierarchisierung orientiert sich dabei auch an einer auf Europa zentrierten und *weißen* Norm. Hast du als Kind gelernt, ein Musikinstrument zu spielen? Wenn ja, welches? Cello oder Blockflöte, Klavier oder Mundharmonika? Welche Musik wurde bei dir zu Hause gehört, Opern oder Schlager?

Kulturelles Kapital ist zudem in den eigenen Körper eingeschrieben, wenngleich oft nur unbewusst: Die Regeln, wie man sich in Räumen der sogenannten Hochkultur verhält, werden früh eingeübt; die »richtige« Körperhaltung wird in Geigen- oder Ballettkursen trainiert. Dies prägt, wie eine Person spricht, sich bewegt, sich selbst versteht und wie sie ihren Platz in der Welt einnimmt. Auch Sprache spielt eine Rolle: Spricht jemand Hochdeutsch oder einen Dialekt? Kennt jemand die Begriffe, die in universitären Debatten verwendet werden, oder nicht?

Kulturelles Kapital lässt sich auch in Institutionen erwerben, in Form eines Bachelor- oder Masterabschlusses, eines Doktortitels und durch den Besuch renommierter Kurse und Institute. Aufgrund von Rassismus kann es passieren, dass erworbenes kulturelles Kapital im Kontext einer Migration entwertet und im Land der Zuwanderung nicht als solches anerkannt wird. Auch viele Personen, die in der DDR aufgewachsen sind, mussten die Erfahrung machen, dass ihr ostdeutsches kulturelles Kapital nach der Wende seinen Wert verlor.

Von Bedeutung ist des Weiteren das soziale Kapital, also das sogenannte Vitamin B: der Zugang zu wichtigen Netzwerken und Kontakte zu einflussreichen Personen. Eine reiche Person erzählte mir einst, sie habe in jeder Stadt, in der sie gelebt habe, direkten Kontakt zum Bürgermeister oder zur Bürgermeisterin gehabt. Auch Golfclubs, teure Mitgliedschaften und Akademiker:innen-Netzwerke sind Räume, in denen soziales Kapital angehäuft werden kann. In der Coronapandemie wurde soziales Kapital sogar zu einer Gesundheitsressource: Wer Ärzt:innen persönlich kannte, hatte es leichter, früh an einen Impftermin zu kommen.

Auch das symbolische Kapital – ein Adelstitel, eine Adresse mit Prestige oder in einer Großstadt – kann bedeutend sein. Wenn indessen ein Stadtviertel pauschal als »schlecht« abgestempelt wird, ist Klassismus als symbolische Abwertung am Werke.

All diese Kapitalsorten lassen sich ineinander umwandeln: Wer über großes Vermögen verfügt, kann sich ein teures Gemälde an die Wand hängen, damit bei einem Onlinetreffen auf sich aufmerksam machen und Vitamin B ansammeln. Wer die richtige Beratung und die finanziellen Mittel hat, um eine zeitintensive Bewerbungsmappe für eine besonders renommierte Kunstuniversität zu erstellen, hat höhere Chancen auf einen Studienplatz; während des dortigen Studiums können wichtige Kontakte geknüpft werden, und mit dem Masterabschluss in der Tasche steigen die Chancen auf eine Führungsposition. Diese wiederum ermöglicht ein besseres Einkommen.

Der Begriff Klassismus beschreibt vor allem, dass und wie Menschen durch die Strukturen einer Gesellschaft abgeschnitten werden von diesen verschiedenen Formen des Kapitals, von diesen Ressourcen – und damit insbesondere von Macht und Anerkennung.

Dieser Text will kein soziologisches Fachbuch sein; es geht darum zu zeigen, was Klassismus ist, wie er unsere Gesellschaft prägt und soziale Ungleichheit fördert, damit wir uns dem entgegenstellen können. Deshalb gebe ich an dieser Stelle keine ausführliche Einführung in aktuelle Klassentheorien. Zum Weiterlesen sei das Buch *Klassentheorie – Vom Making und Remaking* des Politikwissenschaftlers Mario Candeias (2021)[11] empfohlen. Egal, welche Klassentheorie man am überzeugendsten findet, nicht leugnen lassen sich die Gewalt und der Hass, die insbesondere armen und wohnungslosen Menschen in unserer Gesellschaft entgegenschlagen.[12] Aus diesem Grund beziehen sich Klassismusanalysen auch nicht auf die *eine* Klassentheorie; sie beschäftigen sich vor allem mit den Auswirkungen von Diskriminierung und Ausgrenzung entlang von Klasse und damit, wie sich diese bekämpfen lassen. An welchen Stellen Menschen durch Klassismus ausgeschlossen werden, wie dies funktioniert und was wir dagegen unternehmen können, erläutere ich in den nächsten Kapiteln.

Kapitel 3:

Plattenbau oder Eigentumswohnung?

Wie wir wohnen, hängt eng mit unserer Klassenposition zusammen. Die Unterschiede in der Wohnsituation sind immens, und sie prägen unser Leben massiv. Während der Coronapandemie wurde dies unübersehbar. Der Lockdown war leichter zu ertragen, wenn Platz, vielleicht ein Balkon oder gar ein Garten zur Verfügung standen. Auch wie gut Schüler:innen am digitalen Unterricht teilnehmen konnten, hing maßgeblich von der Wohnumgebung ab. Manche hatten ein eigenes Arbeitszimmer mit entsprechender technischer Ausstattung; andere mussten sich Räume teilen und mit vielen Nebengeräuschen lernen, oft ohne über die technischen Geräte zu verfügen, die es gebraucht hätte. Es wird davon ausgegangen, dass sich die bereits existierende Bildungsungleichheit unter anderem aus diesen Gründen erheblich verschärft hat.[1] Die unterschiedlichen Wohnumgebungen spielten auch bei Onlinekonferenzen eine Rolle, nämlich als Hintergrund, der mal mehr, mal weniger repräsentativ ausfiel. Während sich die einen vor einem Klavier, teuren Gemälden, Bücherregalen und minimalistisch eingerichteten Altbauwohnungen präsentieren konnten, ließ sich bei anderen erkennen, dass kein eigenes Zimmer zur Verfügung stand und auch kein kulturelles Kapital, das im Hintergrund drapiert werden konnte. Die größten Auswirkungen der Wohnsituation in der Coronapandemie trafen wohnungslose Menschen. Abstandsregeln konnten in Massenunterkünften kaum eingehalten werden, und vielen wohnungslosen Personen fehlte Geld für Masken. Soziale Einrichtungen blieben geschlossen, während Zwangsräumungen fortgesetzt wurden. Auf diese unsichere Situation machte die Selbstvertretung wohnungsloser Menschen mit dem Slogan »Die eigene Wohnung ist mit Abstand die beste Kältehilfe und der beste Schutz vor Corona!« aufmerksam.[2]

Unsere Wohnverhältnisse werden ganz grundlegend von unserer Klassenherkunft und unserer aktuellen Klassenposition bestimmt, und auch unser Geschmack in Sachen Einrichtung hängt damit zusammen. Wohnst du in Wohneigentum oder zur Miete, in einer Sozialwohnung, in einer temporären Unterbringung, oder hast du keinen festen Wohnort? Wie viel Platz und Miete kannst du dir leisten oder erlaubt das Jobcenter? Wie viel Platz meinst du zu brauchen? Hast du Angst davor, deine Wohnung, dein Zimmer zu verlieren – oder kannst du dir sicher sein, unkompliziert eine neue Bleibe zu finden? Welchen Anteil deines Einkommens musst du für die Miete aufwenden? Oder vermietest du selbst Wohnungen? Wie ist dein Zimmer, deine Wohnung, dein Haus eingerichtet? Findest du es irgendwie unangebracht, einen Fernseher im Zimmer stehen zu haben? Hast du ein Bücherregal, eine Bücherwand? Ist die Einrichtung von Ikea oder besteht sie aus handgefertigten Holzmöbeln? Und nicht nur, wie wir wohnen, sondern auch, wo wir wohnen, ist eine Klassenfrage. Wohnst du auf dem Dorf, in der

Kleinstadt oder in einer Metropole?[3] Am Stadtrand oder zentral? Wohnst du in einem angesagten Stadtteil oder gilt deine Gegend als »sozialer Brennpunkt«? Wie steht es um die Verkehrsanbindung? Gibt es Geschäfte, Malls, Kneipen, Restaurants, Imbisse, Cafés? Wie laut oder ruhig ist es in deinem Wohnumfeld? Brausen Flugzeuge über deinen Kopf hinweg, rauscht die nahe Autobahn, oder hörst du Vogelgezwitscher?

Klassistische Zuschreibungen setzen oft bei den Wohnverhältnissen an. Medienbeiträge, in denen es um die sogenannte Unterschicht geht, sind ein gutes Beispiel dafür: Gerne wird auf die Wohnverhältnisse hingewiesen, bebildert mit dem Klischee einer übervollen Messie-Wohnung, überall Bierdosen und Chipstüten. Das kulturelle Gegenstück und Statussymbol der Mittelklasse ist momentan der minimalistische Einrichtungsstil – nur möglich mit viel Platz und häufig gepaart mit teuren Einzelstücken. In Serien und Filmen sind Mittelklassewohnungen die Norm. Durch den Abgleich mit diesen Wohnverhältnissen, die als Norm präsentiert werden, kann Scham rund ums Wohnen entstehen. Auch Abwertung von außen, etwa durch Blicke und Kommentare, kann Scham erzeugen.[4] Der Soziologe Pierre Bourdieu beschrieb jene mehr oder weniger subtilen Aspekte von Klasse, die so oft vergessen werden, als »die feinen Unterschiede«[5] – und zu ihnen gehört auch die Wohnungseinrichtung.

Ein wichtiger Aspekt, der Klassenunterschiede in Bezug auf die Frage des Wohnens aufzeigt, ist das Problem, bezahlbaren Wohnraum zu finden, vor allem in Großstädten.[6] Dieser Aspekt illustriert die größer werdende soziale Ungleichheit. Für viele einkommensarme Menschen sind die steigenden Mieten eine große finanzielle Belastung. Der Sozialverband Deutschland (SoVD) kommt in einem Gutachten zu dem Ergebnis, dass Menschen mit niedrigem Einkommen im Durchschnitt über 40 Prozent davon für Miete ausgeben müssen.[7] Die Selbstvertretung wohnungsloser Menschen macht darauf aufmerksam, dass die Mieten seit Jahren stärker steigen als die Löhne und Sozialleistungen. Immer mehr Menschen kommen in die Notlage, ihre Miete nicht mehr bezahlen zu können und ihre Wohnung zu verlieren. Ohne staatliche Regulierung und Unterstützung werden als Folge der Coronapandemie – aufgrund der Kurzarbeit und der Schließung von Betrieben – noch mehr Menschen Gefahr laufen, ihre Mietwohnung zu verlieren.

Die Stadtforscherin Tashy Endres beschreibt in einem Interview mit dem ironischen Titel *Da gab es ja vorher nichts*, wie Ausschluss und Verdrängung in Städten vor sich gehen. Dieser Prozess wird als Gentrifizierung bezeichnet und läuft folgendermaßen ab: Zuerst ziehen Kulturarbeiter:innen und Studierende in einkommensarme Viertel, später kommen dann Investor:innen; die Bevölkerung, die bisher dort lebte, wird verdrängt. Verständlich wird dieser Prozess, wenn man sich den Zusammenhang von kulturellem und ökonomischem Kapital anschaut, der zur Verdrängung einkommensarmer Menschen führt.

Künstler:innen und Student:innen haben oft viel kulturelles Kapital, also Bildungsabschlüsse und künstlerische Bildung, aber wenig ökonomisches Kapital. Letzteres zieht sie in (ehemalige) Arbeiter:innenviertel, wo die Mieten niedrig sind. Die Menschen, die dort bislang lebten, haben oft wenig Einkommen und wenig kulturelles Kapital. Das heißt nicht, dass sie über keine kulturelle Bildung oder Traditionen und Fähigkeiten, also kulturelle Praxis, verfügen, sondern dass diese gesellschaftlich wenig wertgeschätzt werden. Diese mangelnde Wertschätzung ist eine klassistische Abwertung. Deutlich wird sie zum Beispiel in einer solchen Aussage wie »Da gab es ja vorher nichts«, wie sie Menschen aus der Mittelklasse häufig äußern, wenn sie in solche Stadtviertel ziehen, beispielsweise nach Berlin-Neukölln. Diese klassistische Perspektive ist strukturell in unserer Gesellschaft verankert. Tashy Endres sagt hierzu:

> »Denn welche Bildung, Kultur oder künstlerische Aktivität als kulturelles Kapital ›zählt‹, hängt stark ab von der Anerkennung, die sie in der Mehrheitsgesellschaft zu- oder abgesprochen bekommt. Vielleicht ist das Saz-Konzert im Nachbarschaftszentrum, in das viele der langjährigen Bewohner:innen gehen, viel virtuoser als der Singer-Songwriter-Contest in einer hippen Bar.«[8]

Weinbars, Kaffeehäuser und studentische künstlerische Veranstaltungen entsprechen dem Verständnis von Kultur, das von der bildungsbürgerlichen Mittelklasse vorgegeben wird. Ihre gesellschaftliche Anerkennung macht sie zu kulturellem Kapital, das sich in ökonomisches ummünzen lässt. Ein Stadtviertel, das zuvor als »sozialer Brennpunkt« abgewertet und auch kriminalisiert wurde, wird nun interessant für Anwohner:innen mit mehr ökonomischen Ressourcen. Künstler:innen und Student:innen haben das Viertel jetzt also »aufgewertet«.

Sobald sie da sind, werden die Bezirke nicht mehr als »Brennpunkte«, sondern als »Szeneviertel« bezeichnet, irgendwann tauchen sie dann im *Lonely Planet* oder in anderen Stadtführern auf, es werden »authentische« Stadtführungen angeboten.[9] Das Stadtviertel wird auf diese Weise symbolisch aufgewertet.

Die Folge: Es wird teuer, denn nun kommt das Geld ins Spiel. Kulturelles Kapital kann durch die Aufwertung des Stadtteils und die damit verbundenen steigenden Mieten in ökonomisches Kapital umgewandelt werden, Immobilienbesitzer:innen, Investor:innen und Gewerbetreibende schöpfen kulturelles Kapital in Form des finanziellen Ertrags aus ihrer Investition ab. Immobilieneigentümer:innen erhöhen die Miete auf das steigende Niveau des Mietspiegels, modernisieren Gebäude und Wohnungen und legen die Kosten auf die Mieter:innen um; sie wandeln Mietwohnungen zu Eigentum um oder verlangen bei Neuvermietung Mieten oberhalb des Mietspiegels. Diese Strategien haben in Nordneukölln in den letzten zehn Jahren zu einer Mietpreissteigerung von über 100 Prozent geführt. Im Zuge solcher Gentrifizierungsprozesse werden einkommensarme Menschen verdrängt, gar zwangsgeräumt, manche geraten in die Wohnungslosigkeit. In den Großstädten ist es immer stärker vom Einkommen abhängig, ob man in der Innenstadt leben kann oder nur noch in der Peripherie – unter Umständen ohne Verkehrsanbindung. Einkommensarme Menschen werden so an den Stadtrand oder ins Umland gedrängt, und damit wird ihnen die Teilhabe am städtischen Leben erschwert. Dies befördert die soziale Ungleichheit in unserer Gesellschaft und kann generelle gesellschaftliche Teilhabe verhindern.

Künstler:innen und Studierende, die in einkommensarme Bezirke wie Berlin-Neukölln ziehen, kommen sich oft progressiv vor. Sie haben das Gefühl, dem Viertel etwas Positives geben zu können, allein durch ihre Anwesenheit.[10] Sie sind aufgeregt, in einem »authentischen« Viertel zu leben. Sie gehen abends in Kneipen, um einen Einblick in die Arbeiter:innenkultur zu kriegen. Dass sie zu Verdrängungsprozessen beitragen, fällt ihnen selten auf. Stattdessen denken sie vielleicht sogar, sie hätten dem »Brennpunktbezirk« geholfen. Währenddessen steigen nicht nur die Mieten stetig, sondern auch die Preise in den Kneipen und Restaurants. Langfristig sind sie ebenfalls von Verdrängung betroffen, wenn sie mit dem nun notwendigen ökonomischen Kapital nicht mehr mithalten können. Es sind vor allem Immobilienbesitzer:innen und Investor:innen, die das kulturelle Kapital in finanzielles umwandeln und abschöpfen können.[11]

Die Möglichkeiten, sich gegen Mietsteigerungen oder Ähnliches zu wehren, haben auch mit Klasse zu tun. Je mehr soziales und kulturelles Kapital Menschen haben, umso eher können sie ihre Rechte durchsetzen. Sie sind geübter und selbstbewusster, wenn es darum geht, kompliziert formulierte Briefe zu entschlüsseln und zu schreiben oder mit der Presse zu sprechen; sie wissen, wo Beratungsstellen sind, oder haben Anwält:innen im Bekanntenkreis. Einkommensarme Menschen und Arbeiter:innen verfügen seltener über die zeitlichen, technischen und kulturellen Ressourcen, die es braucht, um auf individueller Ebene gegen Mietpreissteigerungen vorzugehen. Auch klassistische Erfahrungen mit Behörden oder der Presse können Hinderungsgründe sein. Umso wichtiger sind mietpolitische Bewegungen und Gesetze wie die Initiative Deutsche Wohnen & Co enteignen, Zwangsräumungen verhindern oder die Mietpreisbremse, die den Verdrängungen entgegenwirken. Initiativen wie Kotti & Co, in denen sich Mieter:innen engagieren, viele gleichzeitig von Rassismus *und* Klassismus betroffen, setzen sich erfolgreich gegen Verdrängung zur Wehr, indem sie sich organisieren, solidarisch zeigen und untereinander beraten.

Die Gegenden, in denen viele einkommensarme und viele arme migrantische Menschen wohnen, werden häufig als »Brennpunktbezirke« (oder auch: als »Problemviertel« oder »Ghetto«) bezeichnet. Der Begriff unterstellt, diese Stadtteile seien gefährlich, die Menschen dort hätten Probleme und man bräuchte eine Feuerwehr, die den Brand löscht: in Form von Quartiersmanager:innen, Polizei und Sozialarbeiter:innen zum Beispiel. Durch diese pauschale Unterstellung gegenüber Gegenden, in denen überwiegend Menschen aus der Armuts- und Arbeiter:innenklasse leben, ist der Begriff klassistisch.

In so abgewerteten Vierteln werden auch häufiger als in reicheren Vierteln Razzien durchgeführt und mafiöse Strukturen verfolgt, selbst wenn hier nicht zwangsweise öfter kriminelle Strukturen zu finden sind. In der medialen Berichterstattung über Razzien in diesen Vierteln ist oft von »Bandenkriminalität« und »Clans« die Rede.[12] Der Journalist und Autor Mohamed Amjahid kritisiert dies als rassistisch und warnt vor der Gefahr eines Generalverdachts, den solche Formulierungen hervorrufen.[13] An dieser Stelle wirken also Rassismus und Klassismus zusammen.

Bezirke, in denen vor allem Menschen aus der Oberklasse wohnen, werden nicht als »Brennpunkte« angesehen und bezeichnet. Nie. Die Berliner Initiative Quartiersmanagement Grunewald zeigt die dahinterstehenden klassistischen Denkmuster auf satirischem Wege auf.[14] Die Initiative erklärt: Die Bewohner:innen des »Problembezirks Grunewald« häuften Reichtum an und trügen zum Problem sozialer Ungleichheit bei; es sei wenig solidarisches Miteinander und gute Nachbarschaft vorhanden, die Grunewalder:innen lebten isoliert voneinander. Daher wolle das Quartiersmanagement Grunewald »bei den Anwohner:innen Bewusstsein dafür schaffen, dass jede:r die Verantwortung für eine Gesellschaft für alle trägt«. Um dies zu ändern, habe das Quartiersmanagement »klientelgerecht« eine sogenannte Enteignungsoper auf die Bühne und in den Grunewald gebracht. Zum 1. Mai 2021 schrieb die Initiative:

> »Geübt durch Jahrhunderte des Social Distancing: Die Reichen ziehen sich zurück hinter blickdichten Hecken und ins Zwielicht des Bankgeheimnisses. Ghettoisierung und die Bildung gefährlicher Parallelgesellschaften ist die Folge. Einer der Berliner Hotspots dieser gefährlichen Desintegration ist der Grunewald.
>
> Seit Beginn der Krise wird hier hinter den Toranlagen heftig gehamstert, und auch der letzte Bezug zum Rest der städtischen Gesellschaft ist inzwischen passé. Herzen und Tore bleiben verschlossen für die Sorgen der Pflegenden, Kulturschaffenden, Arbeiter:innen, prekär Wohnenden.
>
> [...]

> Deshalb lädt das QM Grunewald dieses Jahr Berlin ein, den Grunewald zu besuchen, die Bewohner:innen abzuholen und gemeinsam in eine strahlende Zukunft für alle zu fahren!
> Durch massenhaften Einsatz von mobilen autonomen Streetworker:innen werden wir die Parallelgesellschaft des Grunewalds aufrütteln!«[15]

Die Parodie führt vor Augen, wie selbstverständlich einkommensarme Viertel als problematisch und minderwertig betrachtet werden und wie alltäglich diese Abwertung ist. Soziale Durchmischung gilt nur dann als Ziel, wenn es um einkommensarme Bezirke geht. Dort aber führt sie faktisch zur Verdrängung, da keine Maßnahmen ergriffen werden, den ökonomischen Marktmechanismen Einhalt zu gebieten.

Wer verdrängt wird, muss eine neue Wohnung finden. Wie gut das gelingt und ob überhaupt, auch das ist eine Klassenfrage. Denn Klassismus, Rassismus und andere Diskriminierungsverhältnisse bestimmen den Wohnungsmarkt. *Weiße* heterosexuelle Menschen mit vielen ökonomischen Ressourcen werden auf dem Wohnungsmarkt bevorzugt, während zum Beispiel einkommensarme Menschen, Migrant:innen, Schwarze Menschen, People of Color, behinderte Menschen und queere Menschen diskriminiert werden. Die Fachstelle Fair mieten – Fair wohnen macht auf diese Missstände aufmerksam und dokumentiert Diskriminierungsfälle. Klassistische Ausschlüsse auf dem Wohnungsmarkt passieren, wenn Leute der Armuts- oder Arbeiter:innenklasse zugerechnet werden, etwa aufgrund ihres Vornamens, eines Jobcenter-Bescheides oder ihres Einkommens. Menschen, die keinen Gehaltsnachweis, keine Schufa- oder Mietschuldenfreiheitsbescheinigung vorweisen können, haben kaum Chancen auf eine Wohnung, die zentral liegt. Teilweise steht bei Wohnungsangeboten ganz unverblümt dabei, dass keine ALG-2-Bezieher:innen erwünscht sind. Klassistische Diskriminierung ist einer der Gründe, warum einkommensarme Menschen eine viel höhere Mietbelastung haben als reiche Menschen, also prozentual einen höheren Anteil ihres Einkommens für Miete ausgeben müssen, denn oft haben sie gar keine andere Wahl, als sich auf schlechte Mietverhältnisse einzulassen. All dies zeigt deutlich: Wohnen ist immer auch eine Frage der Klasse.

Kapitel 4:

Schwellen: Klasse und Bildung

Im Bildungssystem spielt Klassismus ebenfalls eine große Rolle.[1] Hier geht es zum einen um die Macht zu definieren, was in einer Gesellschaft überhaupt als Bildung gilt, wer als gebildet oder als ungebildet.[2] Tageszeitungen, Radiosender, Bücher und Fernsehsender, sie alle werden unterteilt in Hochkultur versus Unterhaltungskultur, in Bildung oder keine Bildung: Lesen Sie die *Bild* oder die *Zeit*? Schauen sie *Arte* oder *RTL2*? Bei diesen Fragen tauchen sofort Bilder auf von Menschen, die das eine oder das andere konsumieren, zusammen mit Wertungen und Zuschreibungen bezüglich der Klasse. Unser Bildungskanon ist *weiß* und bürgerlich geprägt. Menschen mit vielen Ressourcen definieren, was Bildung ist und was auf der gymnasialen Oberstufe gelernt werden soll. Häufig wird der klassistische Begriff »bildungsfern« verwendet, um Menschen ohne akademische Abschlüsse zu beschreiben; darin zeigt sich, dass Bildung aktuell vor allem mit einem bestimmten kulturellen Kapital verbunden wird, nicht aber mit einem allgemeinen Interesse an Wissensaneignung oder mit dem Wunsch, sich mit der Welt auseinanderzusetzen. Auch Wissen über handwerkliche Vorgänge oder Sprachkenntnisse außerhalb der »westlichen« Sprachen werden selten als

Bildung anerkannt. Bei Klassismus im Bildungsbereich geht es also zum einen um die Frage: Was gilt überhaupt als Bildung? Und wer hat die Macht das zu definieren?

Zum anderen prägt Klassismus auch die klassenspezifische Verteilung von gesellschaftlichen Ressourcen, die es braucht, um Bildungszertifikate zu erlangen.[3] Denn der Zugang zu Bildung hängt von ökonomischem, kulturellem und sozialem Kapital ab. Die Möglichkeiten, Bildungszertifikate zu erlangen, sind geprägt von unserem jeweiligen Klassenhintergrund. Klassismus im Bildungssystem wirkt sich darauf aus, wie diese Ressource in unserer Gesellschaft zugeteilt wird: Wen lassen die sogenannten Gatekeeper, die Torwächter:innen, an den Bildungsschwellen durch, wer darf welche Bildungszertifikate erwerben?[4]

Es gibt verschiedene Bildungsschwellen, bei denen Klassismus den Zugang erschwert. Von besonderer Bedeutung ist der Übergang von der Grund- zu einer weiterführenden Schule. Nun wird sortiert: Wer darf aufs Gymnasium? Und wer geht auf die Hauptschule, integrierte Sekundarschule, Realschule oder auf die »Sonderschule«?[5] Diese Aufteilung verweist die Schüler:innen zugleich auf ihren zukünftigen Platz in der kapitalistischen Gesellschaft – unser Schulsystem ist ein Klassensystem. Gymnasiast:innen werden als angehende Elite und auf Leitungspositionen gesehen, sie erhalten die Möglichkeit zum Studium und Zugang zu besser bezahlten Berufen, als Ärzt:in oder Lehrer:in etwa. Schüler:innen auf den anderen Zweigen sind für Ausbildungsberufe vorgesehen. Je nach Schulform und Abschluss sind dies schlecht bezahlte Arbeiter:innenjobs oder besser bezahlte Ausbildungsberufe, beispielsweise in der Verwaltung, im öffentlichen Dienst oder als Facharbeiter:innen; wer eine sogenannte Problemschule besucht, wird den »Ausgrenzungsapparat Schule« hautnah erleben und häufig aussortiert.[6]

Das große Aussieben am Ende der Grundschule gründet auf Schulempfehlungen der Lehrer:innen. Entscheidend dafür, welcher Schultyp empfohlen wird, ist neben der Leistung die Klassenherkunft der Grundschüler:innen.[7] Dies lässt sich als institutionalisierter Klassismus bezeichnen, also als Klassismus, der in den Strukturen von Institutionen verankert ist.[8] Kinder aus materiell armen und nicht-akademischen Familien haben eine viel geringere Chance, eine Gymnasialempfehlung zu erhalten, als Akademiker:innenkinder oder Kinder aus finanziell abgesicherten Familien.[9] Und das nicht aufgrund ihrer Leistung, sondern ihrer Klassenherkunft. Die sogenannte Hradil-Studie zeigte, dass eine Gymnasialempfehlung für Schüler:innen aus der Armuts- und Arbeiter:innenklasse bei gleicher Leistung weniger wahrscheinlich ist als für Schüler:innen aus wohlhabenden Akademiker:innenfamilien.[10] Das bestätigt auch die Internationale Grundschul-Lese-Untersuchung (kurz: IGLU-Studie): Kinder aus wohlhabenden Familien haben bei gleicher Leistung eine 3,4-fach höhere Chance auf eine Gymnasialempfehlung als Kinder aus materiell armen Familien.[11] Die Gründe hierfür sind unter anderem bei klassistischen Vorurteilen zu suchen, die bei Lehrer:innen verbreitet sind.[12] Dazu kommt, dass sich Eltern, die wohlhabend und Akademiker:innen sind, häufig nicht an die Schulempfehlung halten, sofern sie für ihr Kind nicht das Gymnasium vorsieht.[13] Sie sind sich sicher: »Mein Kind gehört aufs Gymnasium.« Klassenzimmer sind also typische Orte, an denen ein Klassenkampf geführt wird: Eltern mit Klassenprivilegien versuchen diese für ihre Kinder zu sichern. Diesem Kampf entgegenwirken können zum Beispiel Gesamtschulen, also Schulen, die verschiedene Bildungsgänge innerhalb einer Schule anbieten. Dass Eltern aus der Ober- und Mittelklasse in manchen Fällen gegen das Modell der Gesamtschule mobil machen, ist ein eindrückliches Beispiel für Klassenkampf von oben.[14]

Klassismus prägt auch die Schwelle zum Studium ganz entscheidend. Schüler:innen aus der Arbeiter:innen- und Armutsklasse haben sehr viel geringere Chancen, ein Studium zu beginnen, als jene aus der Mittel- und Oberklasse. Statistisch gesehen studieren von 100 Akademiker:innenkindern 79, von 100 Kindern aus Familien ohne akademischen Hintergrund schaffen nur 27 den Sprung an die Hochschule.[15] Personen, die in der Armutsklasse aufgewachsen sind, etwa bei erwerbslosen Eltern, sind im Bildungssystem besonders benachteiligt. Care Leaver, also Kinder und Jugendliche, die in der Jugendhilfe oder in Pflegefamilien aufwachsen, haben noch geringere Chancen, ein Studium zu beginnen. Dies liegt daran, dass Care Leaver in ihrer Bildungslaufbahn nur bedingt auf familiäre und finanzielle Unterstützung zurückgreifen können. Zudem sind sie mit zahlreichen Vorurteilen konfrontiert.[16]

Neben Klassismus wirkt auch Rassismus im Bildungssystem. Natasha A. Kelly zeigt auf, dass Schulwechsel und Schulversagen häufig eine Folge von Rassismus im Bildungssystem sind. Schüler:innen of Color bekommen ebenso wie Arbeiter:innenkinder bei gleicher Leistung schlechtere Noten; so bleiben *weiße* Bildungsbürger:innen unter sich.[17] Insbesondere Schüler:innen, die von Rassismus *und* Klassismus betroffen sind, wird der Zugang zu Bildung verwehrt.

Doch auch wenn der Sprung an die Uni geschafft ist, lässt Klassismus nicht nach. Der Sammelband *Klassismus und Wissenschaft* von Riccardo Altieri und Bernd Hüttner untersucht, wie sich Klassenherkunft an Hochschulen auswirkt.[18] Die beiden Herausgeber finden für die Erfahrung studierender Arbeiter:innenkinder folgende Formel: »Zwischen Herkunft und Akademie, zwischen Dialekt und Wissenschaftssprache?«[19] Die Autor:innen des Bandes berichten von der Herkunftsscham, die studierende Arbeiter:innenkinder erlebten, von einem Gefühl der Unzulänglichkeit und jenem, fehl am Platz zu sein. In dem Buch *Vom Arbeiterkind zur Professur* berichten fünfzehn Professor:innen, die selbst aus der Arbeiter:innen- oder Armutsklasse kommen, über ihren langen Weg zur Professur, der auch bei ihnen oft verbunden ist mit Schamgefühlen und dem nie vergehenden Eindruck, zwischen den Klassen zu sitzen.[20] Das zeigt, dass beim Klassismus an Hochschulen Fragen des Selbstvertrauens und des kulturellen Kapitals eine große Rolle spielen. Zusätzlich sind Hochschullehrende, die klassistisch agieren und Wege versperren, sowie die Studienfinanzierung ausschlaggebend, wie im Weiteren noch deutlich wird.[21] Auf dem Weg zur Promotion oder gar zur Professur mehren sich die Herausforderungen, der Klassenkampf von oben zieht an.[22]

Lehrer:innen und Hochschullehrer:innen entscheiden also als Torwächter:innen, wer weiterkommt, wer zusätzliches kulturelles Kapital erwerben darf und wem der Zugang zur Ressource Bildung verwehrt wird. Schulische Empfehlungen und Zulassungen haben immense Auswirkungen auf die zukünftigen Lebensmöglichkeiten, denn Bildungszertifikate ermöglichen den Zugang zu besser bezahlten Jobs, während Personen ohne anerkannte Zertifikate oft nur der Niedriglohnsektor bleibt.

Für eine gleichberechtigte Gesellschaft ist es dementsprechend äußerst wichtig, Klassismus im Bildungsbereich zu begegnen. Eine wichtige Strategie ist die Sensibilisierung für Klassismus von Lehrkräften an Schulen und Hochschulen. Viele Lehrkräfte und Hochschullehrende haben klassistische Vorstellungen und hegen Vorurteile gegenüber Schüler:innen und Studierenden aus nicht-akademischen und einkommensarmen Haushalten. Sie vertreten vielleicht die Meinung, dass dieses oder jenes Kind nun mal nicht aufs Gymnasium »passe«, nicht an die Uni »gehöre«. Oder sie haben zum Beispiel Vorurteile gegenüber Eltern, die im Plattenbau wohnen, und übertragen sie auf deren Kinder. Oft fehlen Wissen und Sensibilität hinsichtlich der Lebensrealitäten von Kindern und Jugendlichen, die keinen ruhigen Ort zum Lernen haben oder die auf ihre Geschwister aufpassen müssen. Unbewusste und unreflektierte Stereotype prägen, wem Lehrer:innen eine Gymnasialempfehlung geben, wem Hochschullehrende zu einem Masterstudium raten oder wem sie eine wissenschaftliche Stelle anbieten. Wenn keine Reflexion darüber stattfindet, fördern Menschen meist vor allem Personen ähnlicher Klassenherkunft. Bisher ist Klassismus kaum Thema in der

Lehramtsausbildung. Das muss sich dringend ändern: Zukünftige Lehrer:innen und Schulsozialarbeiter:innen sollten sich im Rahmen ihrer Ausbildung mit den eigenen klassistischen Denkweisen auseinandersetzen, lernen, diese wahrzunehmen und zu hinterfragen, lernen, klassismuskritisch zu handeln. Auch in den Schulmaterialien sollten Lebensrealitäten von einkommensarmen und nicht-akademischen Familien vorkommen, nicht mitleiderregend, sondern ganz selbstverständlich.

Wichtig sind außerdem finanzielle Instrumente, zum Beispiel eine Vollfinanzierung des Studiums für Studierende aus einkommensarmen Familien. Das aktuelle BAföG deckt zum einen nicht die Kosten, zum anderen muss es anteilig zurückgezahlt werden.[23] Auch im Kontext der Schule gilt es sicherzustellen, dass nötige Ressourcen für Bildung bereitgestellt beziehungsweise Kosten erstattet werden, damit Bildung nicht am Geldbeutel scheitern muss.

Ein in der Breite wirkungsvolles Mittel, um Klassismus im Bildungssystem zu reduzieren, wäre eine Reform der Schulformen. Insbesondere die flächendeckende Etablierung von Gesamtschulen wäre wirksam. Damit könnte verhindert werden, dass Kinder bereits früh entsprechend ihrer sozialen Herkunft aufgeteilt werden. Zugleich gilt es dem Trend unter Menschen mit Klassenprivilegien und Vermögen entgegenzuwirken, ihre Kinder auf die zahlreicher werdenden Privatschulen zu schicken. An Privatschulen bleibt eine wohlhabende Elite unter sich, wodurch soziale Ungleichheit befördert wird.

An Hochschulen gibt es schon lange Selbstorganisationen von Frauen, queeren Personen und anderen marginalisierten Gruppen in Form autonomer Referate.

Endlich bilden sich auch mehr und mehr Selbstorganisierungen studierender Arbeiter:innenkinder, die sich auf diesem Wege vernetzen und politische Forderungen stellen. Auch so kann Klassismus begegnet werden. 2011 wurde, nach elf Jahren Engagement und vielen Widerständen, das erste Autonome Referat studierender Arbeiter:innenkinder in Deutschland eingerichtet, das Referat für finanziell und kulturell benachteiligte Studierende an der Universität Münster (kurz: fikuS).[24] 2019 und 2020 wurden weitere gegründet, das Referat für Sozial Finanziell Kulturell benachteiligte Studierende (SoFiKus) an der Universität Marburg, das fakE – für antiklassistisches Empowerment an der Uni Köln und das Anti-Klassismus Referat der Universität München. Solche Selbstvertretungen und Vernetzungen halte ich für enorm wichtig, um Klassismus an Hochschulen zu begegnen, sie müssen verstärkt stattfinden und gefördert werden.

Klassismus beginnt mit der Geburt und setzt sich über Kindergärten, Grundschulen und weiterführende Schulen fort. Die Klassenherkunft darf nicht mehr ausschlaggebend für den Zugang zu Bildung sein. Um dies zu ändern, müssen wir elitäre Definitionen von Bildung infrage stellen und gegen Klassismus an den unterschiedlichen Bildungsschwellen intervenieren.

Kapitel 5:

Ausgeladen werden: Klassismus im Kulturbetrieb

Dass auch der Kulturbetrieb grundlegend durch Klassismus geprägt ist, erlebe und analysiere ich seit Jahren als Antidiskriminierungstrainer:in und Kulturanthropolog:in. Menschen aus der Arbeiter:innen- oder Armutsklasse werden im Kulturbetrieb an den Rand gedrängt und ausgegrenzt; der Arbeiter:innenklasse zugeschriebene Kultur wird abgewertet – oder sich angeeignet, wie später deutlich wird.

Der Kulturbereich zeichnet sich durch unsichere Arbeitsverhältnisse und befristete Arbeitsverträge aus, folglich spielen anderweitiges Einkommen, Eigentum und Vermögen eine bedeutende Rolle, um dort arbeiten zu können. Ausschlaggebend ist ein finanzielles Sicherheitsnetz, auf das sich die Kulturarbeiter:innen verlassen können, wenn ihre Arbeit nicht genug einbringt. Viele Kulturarbeiter:innen bezeichnen sich selbst als prekär, d.h. in unsicheren Arbeitsverhältnissen beschäftigt. Das ist im Kulturbereich tatsächlich in der Regel zutreffend, macht aber unsichtbar, dass viele Kulturarbeiter:innen aus privilegierten Vermögens- und Eigentumsverhältnissen stammen. Genauso bedeutend oder gar bedeutender als das Einkommen ist das Erbe. Die Autorin des Buchs

Wir Erben. Warum Deutschland ungerechter wird Julia Friedrichs betont: Wir leben in einer Erbengesellschaft. Nach Schätzungen des Deutschen Instituts für Wirtschaftsforschung (DIW) werden in Deutschland jedes Jahr ca. 400 Milliarden Euro vererbt.[1] Die Erbschaften sind ungleich verteilt: Die obersten zehn Prozent der Erb:innen erhalten laut DIW die Hälfte des insgesamt pro Jahr vererbten Vermögens.[2] Da lohnt es, zu fragen: Wer kann es sich eigentlich leisten, mies bezahlte Praktika oder Assistenzen am Theater zu machen, ohne nennenswerte Bezahlung Romane zu schreiben oder schlechte Veranstaltungshonorare zu akzeptieren? Die prekären Arbeitsbedingungen in der Kulturbranche stellen auf diese Weise einen klassistischen Ausschlussmechanismus dar, denn ein fehlendes finanzielles Sicherheitsnetz schließt Menschen von den Wegen in die Kulturbranche aus.

Klassismus im Kulturbetrieb beeinflusst zudem, welche Kulturinstitutionen in welcher Höhe subventioniert werden. Je näher sie der sogenannten Hochkultur sind, also den Ästhetiken und Normen des Bildungsbürger:innentums entsprechen, desto mehr staatliche Förderung erhalten sie tendenziell. Deswegen nennt die Initiative für Solidarität am Theater diese Institutionen treffenderweise »hochsubventioniert«, unter Abwandlung des Begriffs »Hochkultur«.[3] Einrichtungen, die mit »populärer Kultur« oder mit Kulturvermittlung arbeiten, haben es hingegen schwerer, eine Förderung zu erhalten.

Im Kulturbereich spielt kulturelles Kapital eine zentrale Rolle, sei es in Form von Objekten, in Form von Abschlüssen oder in den Körper eingeschrieben. Klassismus führt nun aber dazu, dass Personen, die in der Arbeiter:innen- oder Armutsklasse aufgewachsen sind, systematisch abgeschnitten werden von Ressourcen, die für den Erwerb von kulturellem Kapital nötig sind, wie Geld, Vermögen, Eigentum, Bildung und Anerkennung.[4] Dementsprechend ist es für sie ausgesprochen schwer, Zugang zu beispielsweise Kunstuniversitäten zu finden oder Jobs im Kulturbetrieb zu bekommen. Faktisch werden Menschen, die wohnungslos sind, ALG 2 beziehen oder einkommensarm sind, auch als Konsument:innen aus vielen Kultureinrichtungen ausgeschlossen, sei es durch Eintrittspreise oder durch bürgerliche Normen. Wie grundlegend Klassismus den Kulturbetrieb prägt, möchte ich anhand eines Beispiels aufzeigen.

Bei einem Stadttheater bot ich 2020 einen Workshop zu Klassismus für die dort Verantwortlichen und Mitwirkenden an. Die Teilnehmer:innen stellten während des Workshops fest, dass sie mit ihrem aktuellen Programm vor allem ein bildungsbürgerliches Publikum ansprachen – und das, obwohl sich das Theater in einem Arbeiter:innenviertel befand. Ein Teilnehmer schlug vor, mit einer Umfrage in der Nachbar:innenschaft zu ermitteln, welche Formate sich die Anwohner:innen wünschten; dies könne vielleicht auch in Richtung Unterhaltung gehen. »Sollen wir etwa Helene Fischer spielen?«, fragte eine Person aus der Leitung entsetzt. Es entstand eine rege Diskussion. Es müsse klar bleiben, so wurde festgehalten, dass es sich bei dem Theater um eine »Kultureinrichtung« handele. Ein Argument, das offenbart, wie die »populäre Kultur« als Nicht-Kultur abgewertet wird. Diese Abwertung ist grundlegend für den gegenwärtigen Kulturbetrieb, der sich mithilfe klassistischer Abgrenzung selbst aufwertet: Die Kultur der Arbeiter:innenklasse gilt als vulgär, populär oder obszön, ihre Angehörigen als »bildungsfern« – man selbst hingegen habe »Geschmack«. Diese Form der Abgrenzung ist durchtränkt von klassistischen Klischees und Zuschreibungen.

Klassistische Ausschlussmechanismen im Kulturbereich führen auch dazu, dass Personen ausgegrenzt werden, die zum Beispiel einen Dialekt sprechen, die unsicher wirken oder die nicht über bürgerliche Sprachcodes – also eine dem Bürgertum spezifische Art und Weise zu sprechen – verfügen. Auch ihnen werden etwa Wege zu Kunstuniversitäten oder zu Führungs- und Leitungspositionen versperrt.[5] In Bereichen der hochsubventionierten Kultur, wo ein bürgerlicher Habitus – und damit eine ganz bestimmte Art zu sprechen, sich zu bewegen, durch die Welt zu gehen – sehr dominant ist, haben es Kulturarbeiter:innen aus der Arbeiter:innen- und Armutsklasse schwer, gehört und anerkannt zu werden.[6] Das gilt selbst dann noch, wenn sie über zahlreiche im Lauf ihres Lebens erworbene Klassenprivilegien verfügen.

Die Abgrenzung von »Hochkultur« gegen »Populärkultur« dient der Aufrechterhaltung der Klassengesellschaft und der ungleichen Verteilung von Ressourcen. Wer definiert, was Kultur ist? Und wem dient diese Abgrenzung? Indem Menschen als »unkultiviert« dargestellt werden oder ihnen der Zugang zum Kulturbereich verwehrt wird, fördern wir auch soziale Ungleichheit. Dem klassistischen Stereotyp der vermeintlichen Kulturferne der Arbeiter:innen- oder Armutsklasse sollten wir entgegentreten. Der Kampf gegen Klassismus im Kulturbereich ist ein gesamtgesellschaftlicher, und ein wichtiger Hebel für mehr soziale Gerechtigkeit.

Es gibt drei Ebenen, auf denen Klassismus im Kulturbereich begegnet werden kann: auf der Ebene des Personals, des Programms und des Publikums. Beim Personal geht es um Stellenbesetzungen: Wer wird aus welchem Grund eingestellt, welche Rolle spielt hierbei kulturelles, soziales und symbolisches Kapital? Wenn die Muster der Stellenbesetzung erkannt werden, können bewusst Gegenmaßnahmen ergriffen werden. Ebenso wichtig ist es, sich die Gehälter und Honorare anzuschauen: Wie sind sie verteilt, und wie lässt sich mehr Gerechtigkeit herstellen? Hierfür ist eine gewerkschaftliche Organisierung genauso wichtig wie Solidarität mit den vielen Selbstständigen, die auf Honorarbasis arbeiten, und mit jenen Beschäftigten des Kulturbetriebes, die über Zeitarbeitsfirmen oder Ähnliches angestellt sind.

Auf der Ebene des Programms ist zu fragen, was und wer Teil des Programms ist, welche Lebensrealitäten darin die Norm bilden. Kommt Armut als Thema vor, und wenn ja, wie? Sind Arbeiter:innen repräsentiert? Wer entscheidet, ob und wie über diese Themen gesprochen wird? Aktuell gehören Klasse und Klassismus zu neuen Trendthemen des Kulturbetriebes, häufig aber werden dabei klassistische Stereotype bedient: Zu oft wird Armut mit Alkoholismus und Gewalt gleichgesetzt, und auf der Theaterbühne sitzt ein *weißer* Arbeiter in Unterhemd mit Bierdose auf der Parkbank. In subkulturellen Szenen ist als Tendenz zu beobachten, dass sich Kulturarbeiter:innen die (angeblichen) Symbole Klassismusbetroffener aneignen – plötzlich tragen alle Jogginghose und sind irgendwie »prekär«. So werden materielle Ressourcen und Vermögen – systematisch – verschleiert.[7]

Bezüglich des Publikums gilt es zu hinterfragen, welche Personen als Zielpublikum angenommen, angesprochen und tatsächlich erreicht werden, und nötigenfalls aktiv gegenzusteuern. Die Orientierung an einem bildungsbürgerlichen Publikum, das als Ideal und Norm vorausgesetzt wird, bedingt hohe Eintrittspreise und eine bildungsbürgerliche Sprache. Auch elitäre Codes bezogen auf Kleidung und Verhaltensweisen gehören hierzu. Somit werden Personen, die sich für Kultur interessieren, aber nicht der Mittel- oder Oberklasse angehören, ausgeladen.

Um gegen die klassistischen Strukturen im Kulturbereich anzukämpfen, organisieren sich im Kulturbereich tätige Arbeiter:innenkinder zunehmend. Es entstanden wichtige Projekte wie »Check your Habitus« von Daniela Dröscher und Paula Fürstenberg (2021), »Class Matters (immer noch)« von Verena Brakonier und der »Working Class Stammtisch« von Sahar Rahimi. Diese Projekte dienen der Vernetzung, der Selbstermächtigung und wirken der Vereinzelung und Schamgefühlen entgegen. Zwiespältig ist, dass häufig von »working class« und »class« die Rede ist statt von Arbeiter:innenklasse und Klasse, wenn es um klassenbezogene Organisierung geht. Der englische Ausdruck klingt hipper, bedeutet aber faktisch eine Abgrenzung gegenüber Personen, die kein Englisch sprechen und keine Klassenreisenden sind.[8] Klassismuskritische Interventionen, die sich auch auf Klassen*zugehörigkeit* statt nur oder vor allem auf Klassen*herkunft* beziehen, fehlen nach wie vor. Für die Zukunft wünsche ich mir hier ein stärkeres Mitdenken der Diskriminierung aufgrund von sozialem Status und mehr Solidarität untereinander. Nur so kann Klassismus im Kulturbereich effektiv begegnet werden.

Kapitel 6:
Erwerbslosenfeindlichkeit

In unserer Gesellschaft gibt es tief verankerte Klischees und Vorurteile gegenüber Menschen, die Sozialleistungen beziehen. Fast jede zweite Person in Deutschland hat eine negative Meinung über langzeiterwerbslose Menschen, wie die Mitte-Studie der Friedrich-Ebert-Stiftung zeigt. 2016 stimmte mehr als die Hälfte der Befragten (52,3 Prozent) negativen Aussagen über langzeitarbeitslose Menschen zu: etwa, dass langzeitarbeitslose Menschen nicht an der Arbeitssuche interessiert seien oder sich »auf Kosten der Gesellschaft ein bequemes Leben« machen würden. Verglichen mit anderen Facetten gruppenbezogener Menschenfeindlichkeit erreicht die Abwertung von Langzeitarbeitslosen den zweithöchsten Wert und liegt knapp hinter der Abwertung asylsuchender Menschen (52,9 Prozent).[1]

Der Einführung von Hartz IV am 1. Januar 2005, und damit dem massiven Abbau des Sozialstaates in Deutschland, ging eine Etablierung des Erwerbslosenstereotyps voraus. Medial wurde das heute allgegenwärtige Bild eines arbeitslosen Menschen inszeniert, der faul, dreist und selbst schuld an seiner Situation sei. Über mehrere Monate hinweg berichteten Medien, insbesondere die *Bild*-Zeitung, über Hartz-IV-Beziehende, die den Sozialstaat betrögen, nicht arbeiten wollten und auf der faulen Haut lägen.[2] In dem Buch *Frech, Faul, Dreist* analysieren Britta Steinwachs und Christian Baron diese mediale Inszenierung von Arbeitslosigkeit. Die Medienkampagne, so zeigen sie, trug systematisch zur Abwertung Erwerbsloser bei und führte dazu, dass den damaligen Hartz-IV-Protesten weniger Solidarität entgegengebracht wurde.[3] Sendungen wie *Hartz und Herzlich* stellen Erwerbslose auch heute abwertend dar: als passive Objekte[4] und willensschwach – immer wieder wird gezeigt, wie sie rauchen, Alkohol trinken und sich von Fast Food ernähren.

Die Armutsklasse in Deutschland wird als Klischee repräsentiert. Der in öffentlichen Debatten gängige Begriff »Hartz-IV-Familien« ist aufgeladen mit klassistischen Zuschreibungen. Unterstellt wird, dass erwerbslose Menschen schlechte Eltern seien, ungebildet und unfähig, ihre Kinder zu unterstützen. Weniger subtil transportiert die Bezeichnung »Sozialschmarotzer« Abwertung und Hass gegenüber Erwerbslosen. Erwerbslose Menschen werden als dumm und bildungsfern präsentiert, außerdem als triebhaft, wie die Verbindung zwischen Arbeitslosigkeit und Alkohol-, Tabak- und Zuckerkonsum zeigt, die so gerne gezogen wird.[5] Des Weiteren gibt es das Vorurteil, erwerbslose und arme Menschen seien per se reaktionär, also beispielsweise homofeindlich, sexistisch oder rassistisch.[6]

Erwerbslose Menschen sind eine diverse Gruppe. Wer Erwerbslose persönlich kennt, wer aus einer Familie mit Erwerbslosen kommt oder wer jemals bei einem Treffen erwerbsloser Menschen war, weiß, wie unterschiedlich ihre Geschichten und Lebensrealitäten sind. Es gibt Leute mit Studienabschlüssen und ohne; Menschen, die materiell arm aufwuchsen, und einige, die aus einer wohlhabenden Familie kommen; Personen, die von Rassismus betroffen sind oder nicht. Es gibt viele verschiedene Gründe dafür, dass Menschen auf Grundsicherung angewiesen sind: ein zu niedriger Verdienst, eine Ausbildung oder Qualifizierungsmaßnahmen, die Pflege und Erziehung von Angehörigen, schwere Krankheiten oder psychische Traumata. Die meisten Menschen aus der Mittel- und Oberklasse kennen niemanden aus der Armutsklasse, oder sie glauben das zumindest – Armut und Erwerbslosigkeit sind oft versteckt. Sie kennen Armut nur aus dem sogenannten Unterschichten-TV oder aus dem Äquivalent in der bürgerlichen Presse. Sie denken deshalb zum Beispiel, dass arme Menschen über wenig Bildung verfügen – das muss aber nicht der Fall sein. Diese Fehleinschätzung hängt vermutlich mit der Vorstellung zusammen, dass mit Bildung sozialer Aufstieg einhergehe, was laut dem Soziologen Christoph Butterwegge ein Mythos ist.[7]

Anders, als es uns das Klischee der faulen Hartz-IV-Empfänger:innen weismachen will, arbeiten die meisten Personen, die Sozialleistungen beziehen. Dementsprechend lautet ein wichtiger Slogan aus der Erwerbslosenbewegung: »Wir sind nicht arbeitslos, sondern erwerbslos.« Die Aktivist:innen machten damit auf Sorgearbeit, politische und Lohnarbeit aufmerksam, die viele von ihnen leisten. Oft haben sie Jobs, bei denen sie so wenig verdienen, dass ihr Gehalt durch Sozialleistungen aufgestockt werden muss. Sie sind »Aufstocker:innen«, Working Poor. Andere sind in unbezahlte Sorgearbeit eingebunden, beispielsweise in die Pflege Angehöriger oder in Kindererziehung, oder sie sind ehrenamtlich aktiv.[8]

Klassismus gegen Erwerbslose arbeitet stark mit Individualisierungen: »Du bist selbst schuld an deiner Situation«, heißt es. Dass Lea jahrelang ihre Partnerin gepflegt hat und nun keinen Einstieg mehr in den Arbeitsmarkt findet, dass Arslan nach jahrelanger Tätigkeit in der Pflege schwer krank ist, dass Toni bei einer vollen Stelle nicht genug verdient und deswegen aufstocken muss – all diese Hintergründe, die nie nur individuell sind, sondern gesellschaftlich bestimmt, werden ausgeklammert. Auch in der Sozialen Arbeit und in den rechtlichen Grundlagen wie dem Sozialgesetzbuch SGB II spielt Individualisierung eine Rolle; so kritisiert die Autorin Anne Seeck, dass Betroffene durch die Armutsbürokratie zu Einzelfällen und Verwaltungsakten degradiert werden.[9] Diese Individualisierung verschleiert die gesellschaftlichen Strukturen, die zu Erwerbslosigkeit führen, und lädt die Verantwortung auf die Schultern der Betroffenen. Erwerbslosenfeindlichkeit führt so dazu, dass nicht auf die gesellschaftlichen Strukturen sozialer Ungleichheit geschaut wird und sie nicht bekämpft werden.

Neben der Individualisierung ist die Spaltung zwischen guten und schlechten Erwerbslosen eine typische Form, in der Klassismus gegen Erwerbslose auftritt. Unter Bezugnahme auf die Situation Erwerbsloser während der Coronapandemie kritisiert Harald Thomé von Tacheles e.V., dass es in Deutschland inzwischen eine Zweiklassengesellschaft der Erwerbslosen gibt. Er führt aus:

»Auf der einen Seite haben wir nun die ›guten Erwerbslosen‹. Die, die nichts für ihre Situation können, weil Corona daran schuld ist. Auf der anderen Seite gibt es die restlichen Beziehenden, die schlechter gestellt sind. Dabei sind sie in den allermeisten Fällen genauso unverschuldet in die Erwerbslosigkeit oder ins Aufstocken gerutscht wie jetzt die Corona-Arbeitslosen.«[10]

Erwerbslosenfeindlichkeit wird von den Betroffenen zusätzlich verinnerlicht. Menschen, die auf Sozialleistungen angewiesen sind, glauben dann selbst, sie seien schuld an ihrer Situation, und fühlen sich minderwertig. Die Erwerbslosengruppe Basta berichtete dazu aus ihrer Beratungspraxis:

»Armut ist in der Regel durch (soziale und regionale) Herkunft bedingt. Die gesellschaftliche Erzählung jedoch individualisiert die Verantwortung für Armut, und gemäß dieser Wertung, dass Armut selbst verschuldet sei, werden wir auch behandelt. Leute, die zu uns kommen, sind deshalb oft stark verunsichert. Sie vertrauen sich selbst, ihrem Wissen und ihren Erfahrungen nicht mehr.«[11]

(Verinnerlichter) Klassismus gegen erwerbslose Menschen führt zusätzlich dazu, dass viele Menschen, die Anspruch auf Sozialleistungen haben, diesen nicht geltend machen – um dem Stigma zu entgehen.

Menschen, die ALG 2 beziehen, leben in Armut. Das ist durchaus gewollt: Hartz IV soll zwar reichen, um die

Grundbedürfnisse zu befriedigen; zugleich aber sollen Menschen mittels Mangel unter Druck gesetzt werden, schnell wieder eine Lohnarbeit auszuüben.[12] Diese Strategie beruht auf dem Vorurteil, dass Erwerbslose nicht arbeiten wollen. Somit ist Hartz IV klassistisch und ein Grund dafür, dass Menschen aus der Armuts- und Arbeiter:innenklasse in den Strukturen unserer Gesellschaft diskriminiert werden. Laut Gesetzbuch soll die Grundsicherung ein Leben in Würde garantieren. Ein Regelsatz von aktuell 449 Euro für eine alleinstehende Person reicht jedoch kaum, um elementare Grundbedürfnisse zu befriedigen. So betonen der Verein Sanktionsfrei, der Paritätische Bund und Erwerbslosenvereine, dass der Hartz-IV-Satz nicht mit dem deutschen Grundgesetz, das allen Menschen ein Leben in Würde garantiert, vereinbar sei. Dazu kommen im Sozialhilfesystem Sanktionen, Ausgrenzungen und Stigmatisierungen von Hartz-IV-Bezieher:innen, die diese einschüchtern und disziplinieren. Sanktionsfrei e.V. und der Paritätische Bund forderten im Jahre 2021, den Hartz-IV-Regelsatz auf mindestens 600 Euro anzuheben.[13] Zudem sollten Sanktionen, also Geldkürzungen durch das Jobcenter, die für Betroffene existenzielle Folgen bis zur Wohnungslosigkeit haben, abgeschafft werden.[14] Wie die Antiklassistische Assoziation, ein Zusammenschluss verschiedener antiklassistischer Projekte, bin ich der Meinung: Ein Sozialsystem soll nicht stigmatisieren, sondern jenen Unterstützung bieten, die nicht in der Lage sind, Erwerbsarbeit zu leisten, ihre Miete zu bezahlen oder ihren Lebensbedarf zu decken. Wie andere Diskriminierungen auch, gehört Erwerbslosendiskriminierung gesetzlich verboten.[15]

Anders als es die Medien viel zu oft vermitteln, sind Erwerbslose keine bemitleidenswerten Opfer.[16] Sie wehren und sie organisieren sich, zeitweise sogar bei Massenprotesten. In den 1980er-Jahren gründeten sich in Westdeutschland, als Teil der Neuen Sozialen Bewegungen, zahlreiche Jobber- und Erwerbslosengruppen.[17] Erwerbslose und prekär beschäftige Menschen organisierten sich und bauten Stadtteilläden auf. Dort fanden Erwerbslosenfrühstücke statt, wurden solidarische Beratungen angeboten und politische Forderungen erarbeitet. Eine der bekanntesten Gruppen war Die Schwarze Katze in Hamburg, eine ihrer Forderung lautete Einkommen für alle statt Arbeit für alle.[18] In einem Flugblatt der Koordination Hamburger Jobber- und Erwerbsloseninitiativen hieß es 1985: »Tatsache ist, dass schon ein stinknormaler Alltag für uns teuer wird.«[19] Solche Gruppen organisierten auch gemeinsame öffentliche Aktionen, zum Beispiel vor Sozialämtern, oder die Nulltarif-Wochen. Bei der spektakulären Nulltarif-Aktionswoche im Oktober 1985 organisierten Aktivist:innen öffentlichkeitswirksam kostenlose Besuche in Kinos, im Schauspielhaus, bei einem Udo-Lindenberg-Konzert, in Schwimmbädern und im Tierpark Hagenbeck.[20]

Auch rund um die Einführung von Hartz IV 2005 organisierten sich erwerbslose Menschen. Hier spielten sowohl politische Aktionen nach außen als auch Selbstorganisierung und gegenseitige Unterstützung eine große Rolle. Gruppen wie die Hängematten oder Die glücklichen Arbeitslosen setzten sich gegen den Hass gegen erwerbslose Menschen zu Wehr, organisierten aber auch Beratungen und Begegnungsräume.[21] Manchmal konnten sogar Einzelpersonen Sozialproteste initiieren. So brachte 2004 ein einzelner Erwerbsloser in Magdeburg die Montagsdemonstrationen gegen Hartz IV in Gang.[22] Vor Einführung der Hartz-IV-Reform fanden sehr viele Proteste mit ausgesprochen großen Demonstrationen statt. An den größten nahmen bis zu 250000 Menschen teil. Allen Protesten und aller Kritik zum Trotz wurde Hartz IV am 1. Januar 2005 eingeführt; die Reform trug zu einer strukturellen Verarmung der Bevölkerung in Deutschland bei und ist bis heute hoch umstritten. Großen Protest im Nachgang gab es bei der Aktion Agentur-Schluss am 1. Januar 2005. Erwerbslosengruppen sind auch heute in vielen Städten aktiv.[23]

Erwerbslosenfeindlichkeit prägt unsere Gesellschaft grundlegend und ist eine weitverbreitete Form von Klassismus, mit massiven Folgen für die Betroffenen. Erwerbslosenfeindlichkeit fördert die soziale Ungleichheit und schiebt die strukturellen Gründe den Individuen zu. Umso wichtiger ist es, endlich gegen Erwerbslosenfeindlichkeit vorzugehen und diese Form der Diskriminierung ernst zu nehmen.

Kapitel 7: Wohnungslosenfeindlichkeit

Nicht nur Erwerbslosenfeindlichkeit ist in unserer Gesellschaft tief verankert, sondern auch Obdachlosenfeindlichkeit. Im Nationalsozialismus wurden obdachlose Menschen als »unwertes« Leben herabgesetzt; sie wurden als sogenannte Asoziale im Rahmen der Aktion »Arbeitsscheu Reich« verfolgt, interniert und ermordet. Bei dieser »Aktion« wurden arme Menschen – zum Beispiel Bettler:innen und Landstreicher:innen –, Menschen, die sich dem Lohnarbeitssystem verweigerten, und Sexarbeiter:innen verfolgt und ermordet. Sie wurden im KZ interniert und dort mit dem schwarzen Winkel gekennzeichnet. Auch heute bestehen menschenverachtende Einstellungen gegenüber obdachlosen und wohnungslosen Menschen. Regelmäßig werden Gewalttaten und gar Morde an wohnungslosen Menschen verübt, vor allem von Anhänger:innen der rechtsextremen Szene. Da vieler dieser Opfer ansonsten nicht erinnert würde, riefen einige antifaschistische und klassismuskritische Initiativen selbstorganisierte Erinnerungsprojekte ins Leben.[1]

Es gibt zahlreiche und starke Vorurteile gegenüber obdachlosen und wohnungslosen Menschen, die oft jenen über Erwerbslose gleichen: Sie gelten als ungepflegt, alkoholabhängig, gefährlich und faul. »Geh arbeiten!«

wird obdachlosen Menschen im öffentlichen Raum von Passant:innen zugerufen, verbunden mit einem angeekelten Blick. Menschen, die Straßenzeitungen verkaufen oder nach Geld fragen, zum Beispiel um sich eine Notunterkunft leisten zu können, werden häufig einfach ignoriert, oder sie werden beschimpft. Belehrend, mahnend oder gar drohend wird ihnen »geraten«, sich keinen Alkohol zu kaufen. Denn während Alkohol trinkende Menschen in teuren Weinbars durchaus gern gesehen sind, werden jene, die auf einer Parkbank sitzen, ihre eigenen Getränke mitbringen und einkommensarm sind, zum Problem erklärt und verachtet. Wohnungslosen wird der Respekt verweigert. Die Aktivistin Regina Amer beschreibt in einem Interview ihre beispielhaften Erfahrungen mit fehlendem Respekt im Umgang mit Wohnungslosen:

> »Als ich vor fünf Jahren meine Wohnung verloren habe und dann auf die Wohnungslosenhilfe in Wien angewiesen war, hat es mich extrem geärgert, wie die mit mir umgegangen sind. So respektlos, ohne Mitgefühl und von oben herab. Mir ist es sowieso schon hundemies gegangen – und dann wird noch auf dich hingetreten. Ich war damals für vier Wochen wohnungslos, mir ging es extrem schlecht, weil nicht nur mein Freund gestorben, sondern auch mein ganzes persönliches Umfeld weggebrochen war.«[2]

In der Coronapandemie haben sich die Stigmata und Diskriminierungen verschärft; so haben Menschen offenbar größere Angst, sich bei wohnungslosen Menschen anzustecken als bei Menschen mit festem Wohnsitz. Bei staatlichen und kommunalen Maßnahmen wie der Ausgangssperre wurden wohnungslose Menschen weitgehend vergessen. Nora Noll schreibt: »Die Corona-Pandemie macht die krasse Ungleichheit noch deutlicher. Denn der Lockdown vergisst wohnungslose Menschen, verschärft ihre Lage noch.«[3]

Obdachlosenfeindlichkeit ist auch in der Stadtplanung verankert. Aus vielen Innenstädten werden obdachlose Menschen vertrieben. Bänke im öffentlichen Raum werden so gebaut, dass es unbequem oder unmöglich ist, darauf zu schlafen oder sich länger darauf aufzuhalten. An einigen Bahnhöfen wird in Dauerschleife klassische oder atonale Musik gespielt, mit dem Ziel, wohnungslose, drogennutzende und einkommensarme Menschen zu vertreiben.[4] Die Verweigerung des Zugangs zu öffentlichen und halb-öffentlichen Räumen wie Einkaufszentren, Bahnhöfen und öffentlichen Plätzen – auch darin äußert sich Obdachlosen- und Wohnungslosenfeindlichkeit in unserer Gesellschaft. Klassismus und Architektur sind eng verbunden: Wer darf sich im öffentlichen Raum aufhalten, für wen wird gebaut und wer wird aus der Innenstadt und aus dem öffentlichen Raum vertrieben?

Warum Menschen wohnungslos sind, ist ebenfalls gesellschaftlich bedingt. Der Wohnraum insbesondere in den Großstädten wird knapper, es gibt immer weniger bezahlbare Wohnungen, durch Gentrifizierung werden einkommensarme Menschen aus den Innenstädten vertrieben (siehe dazu Kapitel 3). Trotzdem gelten obdachlose Menschen, ähnlich wie erwerbslose, als selbst schuld an ihrer Situation – auch wenn Wohnungsnot und Zwangsräumungen als Problem und Risiko immer weiter in die Mitte der Gesellschaft reichen. Regina Amer sagt dazu in einem Interview:

> »Ich habe wegen der politischen Verhältnisse eine Mordswut im Bauch, und je mehr ich darüber weiß, umso wütender werde ich. Und umso mehr schaue ich, dass ich etwas tun, mich vernetzen kann. Zum Beispiel stehen zigtausende Wohnungen in Wien leer – und zugleich gibt es obdachlose Menschen! Die Wohnungslosigkeit könnte mit einem Schlag beseitigt werden. Und zusätzlich könnte man noch Geflüchtete, die auf den griechischen Inseln festsitzen, unterbringen – und noch immer gäbe es Platz. Leute, die auf arme Menschen runterschauen oder sogar auf sie losgehen, haben es einfach nicht begriffen.«[5]

Wie erwerbslose sind obdach- und wohnungslose Menschen sehr verschieden, mit ganz unterschiedlichen Schicksalen und Lebensgeschichten. Viele sind von Mehrfachdiskriminierung betroffen,[6] dann verschärfen beispielsweise Transfeindlichkeit, Sexismus oder Rassismus ihre Unterdrückungserfahrungen.[7] Diese Gruppen bleiben im gesellschaftlichen Diskurs oft unsichtbar. Umso wichtiger ist es, das Thema Wohnungslosenfeindlichkeit in Verwobenheit mit Mehrfachdiskriminierungen zu diskutieren, wie es in diesem Buch geschieht.

Auch wohnungslose Menschen organisieren sich und stellen politische Forderungen auf. So gibt es Netzwerke und politische Initiativen wie die Selbstvertretung wohnungsloser Menschen, die sich als Sprachrohr obdach- oder wohnungsloser Menschen im deutschsprachigen Raum Europas versteht.[8] Es gilt, beim Thema

Wohnungslosigkeit ebenfalls das Mikro abzugeben, wohnungslose Aktivist:innen selbst zu Wort kommen zu lassen und ihren Forderungen Gehör zu schenken. Dies passiert aufgrund klassistischer Strukturen kaum, oft wird nur über wohnungslose Menschen gesprochen, selten wird wohnungslosen Aktivist:innen selbst zugehört. Zusätzlich sind mietenpolitische Bewegungen – seien es lokale Organisierungen wie Kotti & Co oder Bündnisse wie Zwangsräumungen verhindern oder Deutsche Wohnen & Co enteignen – zentral, da sie sich für bezahlbaren Wohnraum einsetzen und damit einer der Ursachen von Wohnungslosigkeit entgegentreten.

Wohnungslosenfeindlichkeit ist eine Form von Klassismus mit massiven und oft gewaltvollen Auswirkungen, da sie sich im schlimmsten Fall in Hassgewalt und Morden und Hass äußert. Hier zeigt sich die Menschenverachtung klassistischer Einstellung ganz offen und es ist unbestreitbar, dass wir gegen diese Diskriminierung und diesen Hass entschieden ankämpfen müssen.

Kapitel 8:

Gesundheit: Eine Frage der Klasse!

Zweiklassenmedizin. Dieser oft verwendete Begriff deutet an, dass Klasse den Zugang zu guter Gesundheitsversorgung prägt. Das ist zweifellos der Fall in Deutschland. Auf der einen Seite gibt es Privatpatient:innen, die ohne Weiteres Zugang zu einer sehr guten medizinischen Versorgung haben. Gesetzlich Versicherte auf der anderen Seite müssen für eine gute Versorgung häufig kämpfen; das gilt erst recht für Menschen ohne Krankenversicherung.[1]

Die Zweiklassenmedizin lässt sich gut anhand eines Krankenhauses erklären. Krankenhäuser sind, ähnlich wie Universitäten oder Theater, Einrichtungen mit klaren Hierarchien, oben und unten. Oben sitzen in der Regel die Chefärzt:innen mit einem hohen Gehalt und einem hohen gesellschaftlichen Status. Auf Patient:innenseite liegen oben die Privatpatient:innen, versorgt durch Chefärzt:innen, in einem Einzelzimmer mit Balkon und schönem Ausblick.

Im Mittelbau befinden sich die Pfleger:innen, Assistenzärzt:innen und Assistent:innen. Pfleger:innen verdienen deutlich weniger als ihre Vorgesetzten, dies bei einer sehr hohen Arbeitsbelastung. Der hohe Druck, dem sie ausgesetzt sind, erschwert es, gute Arbeit zu machen.

Das Bündnis Care Revolution und Streikende an Krankenhäusern machen zurzeit auf die oft katastrophalen Bedingungen in der Pflege aufmerksam; ein zentraler Grund für die Misere ist die zunehmende Profitorientierung der Einrichtungen. In der Mitte des Gebäudes befinden sich auch die Kassenpatient:innen. Prinzipiell erhalten die Patient:innen hier eine gute Versorgung – wobei sie dafür oft auf die Überstunden und die unbezahlte Mehrarbeit der Pfleger:innen angewiesen sind. Auf jeden Fall ist die Versorgung hier schlechter als oben.

Symbolisch unten befinden sich in Institutionen wie dem Krankenhaus Reinigungskräfte und andere Personen, die oft über Zeitarbeitsfirmen gering entlohnt angestellt sind. In dieser Kategorie sind außerdem jene Patient:innen zu finden, die keine Krankenversicherung haben oder die den Zuschuss, den sie selbst tragen müssten, nicht bezahlen können.

Während es kaum Forschung zur klassenbedingten Diskriminierung im Gesundheitsbereich gibt, ist gut dokumentiert, wie soziale Ungleichheiten und gesundheitlicher Zustand zusammenhängen. Menschen, die von Klassismus betroffen sind, haben häufiger körperliche und psychische Krankheiten als Personen mit einem hohen Status.[2] Dies hat dramatische Folgen: Zwischen der Lebenserwartung reicher und armer Menschen in Deutschland liegt ein Unterschied von zehn Jahren.[3] Reiche Menschen leben also durchschnittlich zehn Jahre länger, materiell arme sterben früher, wohnungslose Menschen im Durchschnitt sogar mit 45 Jahren.[4] Auch in Österreich sterben Menschen, die über längere Zeit in Armut leben, zehn Jahre früher, wohnungslose Menschen sogar zwanzig Jahre früher.[5] Krankheit und Klassismus sind miteinander verwoben. Einerseits rutschen Menschen häufig aufgrund psychischer oder physischer Erkrankungen in Armut, sodass viele erkrankte Menschen arm sind. Andererseits kann langanhaltende Armut zu Krankheiten führen. Armut und Arbeit schreiben sich in den Körper ein: Harte körperliche Tätigkeiten können den Körper belasten, fehlende Ressourcen für gesunde Lebensmittel hinterlassen Spuren, ebenso das Wohnen in billigen Wohnungen, die zugig sind oder an der Autobahn liegen. Wer sich keine teuren Vorsorgeuntersuchungen leisten kann, trägt höhere Gesundheitsrisiken. Und da Zahnvorsorge kostspielig ist, müssen viele einkommensarme Menschen mit schlechteren Zähnen leben.

Wie Klasse Gesundheitsrisiken und den Zugang zur Gesundheitsversorgung prägt, zeigt sich, wie so vieles andere auch, in der Coronapandemie besonders deutlich. So haben sozio-ökonomisch benachteiligte Menschen ein wesentlich höheres Risiko, wegen Covid-19 ins Krankenhaus eingeliefert zu werden, wie eine Analyse der Uniklinik Düsseldorf und der Krankenkasse AOK darlegt.[6] Zudem sind einkommensarme Personen dem Virus eher ausgesetzt als Personen aus der Mittel- oder Oberklasse: sei es etwa aufgrund beengter Wohnverhältnisse oder aufgrund ihrer Arbeitstätigkeit, zum Beispiel im Einzelhandel oder in der Pflege, wo das Infektionsrisiko vergleichsweise hoch ist.

Auch beim Impfen wurde die Bedeutung von Klasse offenbar: Menschen aus der Mittel- und Oberklasse hatten durchschnittlich früher einen Impfschutz als jene aus der Arbeiter:innen- oder Armutsklasse – obwohl diese von der Priorisierung und Risikolage her zuerst hätten dran sein müssen. Dieses Missverhältnis hängt auch mit Klassismus und Klassenprivilegien zusammen. Menschen mit viel kulturellem, sozialem und ökonomischem Kapital haben einen besseren Zugang zum Gesundheitssystem: Viele kennen Ärzt:innen persönlich, mit etwas Glück reichte ein Griff zum Telefon und der Impftermin stand.[7] Menschen, die einkommensarm sind, oder Arbeiter:innen haben solche Kontakte meist nicht. Dazu kommen unter Umständen klassistische Erfahrungen mit Ärzt:innen in der Vergangenheit.[8] Die Betreffenden haben dann vielleicht gar keine Hausarztpraxis mehr, an die sie sich wenden können, und für den Griff zum Telefon oder den Gang in eine Arztpraxis müssen Unsicherheiten und Ängste überwunden werden. All dies gilt umso mehr, wenn Patient:innen zusätzlich beispielsweise queerfeindliche oder rassistische Erfahrungen im Gesundheitssystem erleben mussten. Nachsehen hatten außerdem jene, die keinen Internetzugang hatten; weder konnten sie von den digitalen Tools profitieren, die bei der Suche nach Impfterminen halfen, noch online Termine vereinbaren.

Derlei klassistische Hürden und Ausschlüsse sind keine Besonderheit der Pandemie, sie galten auch vorher und für andere Gesundheitsthemen. Dasselbe gilt für die klassenbedingten Privilegien rund um Gesundheit und Krankheit. Personen mit der »richtigen« Klassenzugehörigkeit können sich kostspielige Vorsorgeleistungen leisten und haben unter Umständen einen direkten Draht zu Chefärzt:innen. Ob man sich traut, eine bestimmte Behandlung für sich oder Angehörige einzufordern oder dem Fachpersonal Fragen zu stellen – auch hierbei spielen Klassenherkunft und -zugehörigkeit eine Rolle.

Eine Hürde auf dem Weg in die Arztpraxis oder zu einer guten ärztlichen Behandlung können klassistische Denkmuster in der Gesellschaft sein. So wird bei armen Menschen eine schlechte gesundheitliche Verfassung häufig auf ihren vorgeblich »ungesunden Lebenswandel« zurückgeführt. In unserer Gesellschaft gelten wohlhabende Menschen eher als selbstverantwortlich, gesundheitsvorsorgend und vernünftig, während einkommensarmen Menschen unterstellt wird, sie würden auf gute Ernährung keinen Wert legen, generell ungesund leben und sich nicht um sich kümmern. Auch hier lässt sich wieder beobachten: Wer arm und krank ist, gilt als selbst schuld. Insbesondere Vorurteile gegenüber wohnungslosen und erwerbslosen Menschen sind auch beim medizinischen Personal verbreitet. »Was arbeiten Sie?«, wird in der Sprechstunde oft gefragt. Wer sagen muss »Ich bin arbeitslos«, kann auch in einer Arztpraxis mit klassistischen Vorurteilen konfrontiert sein und mit stereotypen Zuschreibungen, was Lebensstil und Alltag – Ernährung, Sport, Freizeitgestaltung etc. – angeht.

Klassismus äußert sich also unter anderem in einer faktisch schlechteren Gesundheitsversorgung und einer auch daraus resultierenden verkürzten Lebenserwartung. Und im Angesicht des Todes sind Menschen ebenfalls nicht gleich, wie ich in meiner Studie *Recht auf Trauer. Bestattungen aus machtkritischer Perspektive* aufgezeigt habe.[9] Dies wird insbesondere bei anonymen Armutsbestattungen deutlich. Nicht nur sterben einkommensarme Menschen früher, sie werden oft auch unwürdig bestattet und die Rahmenbedingungen können ihr Betrauert-Werden erschweren. Die Autorin und Aktivistin Magda Albrecht schreibt dazu:

> »Mit steigender Altersarmut und steigenden Zahlen prekär Beschäftigter betrifft ein mögliches einsames Sterben – bedingt zum Beispiel durch Isolation – immer mehr Menschen. Zurück bleiben Angehörige, die teilweise erst viel später vom Tod eines Verwandten erfahren; die bei der vom Amt angeordneten ordnungsbehördlichen Beerdigung nicht dabei sein konnten und/oder keinen Zugriff auf persönliche Gegenstände des_der Verstorbenen haben, weil das Amt deren Vernichtung schon in Auftrag gegeben hatte.«[10]

Die Bestattungskultur ist ein Spiegel gesellschaftlicher Verhältnisse, in denen das Trauern und Betrauert-Werden auch davon abhängen, wie viel Geld, (familiäre) Beziehungen und Vorsorge man hat. Hier zeigt sich eindrucksvoll die umfassende Bedeutung von Klasse: Klassismus wirkt vor der Geburt, im Laufe des Lebens und sogar über den Tod hinaus.

Um den gesellschaftlichen Bedingungen für Gesundheit Rechnung zu tragen und allen Menschen Zugang zu einer guten Gesundheitsversorgung zu bieten, gründen sich neue Projekte, beispielsweise das Gesundheitskollektiv Berlin. Die Gruppe beschreibt ihr Verständnis von Gesundheit folgendermaßen:

> »Gesundheit verstehen wir hierbei deutlich umfassender als dies im Allgemeinen der Fall ist. Nicht nur

die medizinische Versorgung und individuelle Verhaltensweisen stehen hier im Mittelpunkt, sondern die gesellschaftlichen Bedingungen von Gesundheit – von der lokalen bis zur globalen Ebene. Politische und soziale Faktoren wie Mietsteigerungen, geringes Einkommen, prekäre Beschäftigungsverhältnisse, Rassismus oder Altersarmut beeinflussen die Gesundheit nachweislich stärker als die Qualität der medizinischen Versorgung alleine.«[11]

Neben derlei konkreten Initiativen ist in der Breite wichtig, dass sich medizinische Fachkräfte mit ihrem individuellen Klassismus auseinandersetzen, um Patient:innen nicht mehr klassistisch zu bewerten und zu behandeln. Ebenso bedeutsam ist es, endlich die Arbeitsbedingungen im Pflegebereich sowie generell für das Personal im Gesundheitssystem zu verbessern. Nur so kann eine gute Gesundheitsversorgung für alle ermöglicht werden. Denn wenn die Zeit für gute Pflege knapp ist, werden das immer zuerst einkommensarme Patient:innen spüren.

Gesundheit ist also eine Frage der Klasse. Damit alle Menschen Zugang zu guter Gesundheitsversorgung erhalten, muss Klassismus im Gesundheitssystem abgebaut werden, von Vorurteilen gegenüber einkommensarmen und nicht-akademischen Patient:innen bis zum strukturellen Klassismus, der das Zweiklassensystem prägt. Der Kampf für mehr soziale Gerechtigkeit hat darüber hinaus auch gesundheitsfördernde Auswirkungen, denn: Armut und Klassismus machen krank.

Kapitel 9:
Klassismus in der DDR

»Wie war das denn in der DDR, gab es da Klassismus?« Diese Frage begegnet mir häufig bei Veranstaltungen zu Klassismus. Darin schwingt der Mythos von der DDR als klassenloser Gesellschaft mit. Schließlich war Marxismus Staatsdoktrin, alle waren Arbeiter:innenklasse. Oder nicht? Klassismus gab es tatsächlich auch in der DDR. Das gilt ganz besonders in Form der Ausgrenzung und Verfolgung sogenannter Asozialer, der massiven Bildungsungleichheit sowie der Ausgrenzung von Heimkindern.[1]

In der DDR gab es den Paragrafen 249 Strafgesetzbuch, auch »Assi-Paragraf« genannt, unter dem Menschen klassistisch verurteilt wurden. Wegen sogenannten arbeitsscheuen Verhaltens konnte man bis zu zwei Jahre inhaftiert werden. Welche Gruppen in der DDR als die »asozialen Anderen« stigmatisiert und strafrechtlich verfolgt wurden, zeichnet der Historiker Sven Korzilius nach.[2] Zum einen waren es Menschen, denen »Arbeitsbummelei« vorgeworfen wurde. In der DDR gab es nicht nur ein Recht auf Arbeit, sondern auch eine Pflicht zur Arbeit. Menschen, die längere Phasen der Nicht-Arbeit lebten oder ohne Arbeitsverhältnis waren, wurden als »arbeitsscheu« bezeichnet. Jegliche Lebensentwürfe, die nicht um eine geregelte (bevorzugt industrielle) Arbeit zentriert waren, waren verdächtig.[3] Zu den konkret betroffenen Gruppen zählten Sexarbeiter:innen. Sie wurden als »Asoziale« stigmatisiert und strafrechtlich verfolgt; ihnen wurde vorgeworfen, sich ihre Mittel zum Unterhalt auf »unlautere Weise« zu verschaffen. Das Gleiche gilt für Menschen, die bettelten, Wahrsagerei oder Glücksspiel betrieben oder als Landstreicher:innen lebten. Ebenfalls verfolgt werden konnten Menschen, die von der Unterstützung durch Bekannte, Partner:innen oder Familienangehörige lebten oder davon, Familienbesitz zu verkaufen oder Gästezimmer zu vermieten. Der »Asozialenparagraf« wurde außerdem verwendet, um Ausreisewillige zu verfolgen. Diese waren häufig von fristlosen Kündigungen betroffen, fanden als solche keine Anstellung mehr – und fielen dann in die strafrechtliche Kategorie »Arbeitsbummelei«. Daneben diente der Paragraf der Stigmatisierung jugendlicher Subkulturen und deren Kriminalisierung, beispielsweise der Gammler-Bewegung der 1960er- und 1970er-Jahre oder der Punk-Bewegung Ende der 1970er- und der 1980er-Jahre. Gerade in den Großstädten der 1980er-Jahre gelang es allerdings Teilen der Subkultur und Boheme, sich der Bedrohung durch den »Assi-Paragrafen« zu entziehen.[4]

Um die »asozialen Anderen« umzuerziehen, wurden repressive Methoden angewandt und entwickelt. Zu den Sanktionsmöglichkeiten zählte die Einweisung in Arbeitshäuser, die nach 1945 in West- wie in Ostdeutschland fortbestanden. Das bedeutete harte körperliche Arbeit – oft mehr als 40 Stunden die Woche –, die Unterbringung in Barackenlagern mit schlechter Hygiene und militärischem Drill. Verurteilte Jugendliche konnten darüber hinaus in Jugendwerkhöfe interniert werden, wo der Alltag noch stärker durch harte Arbeit und eine militärische Stimmung geprägt war. In der DDR gab es mehr als 70 Spezialkinderheime und Jugendwerkhöfe für Jugendliche, die seitens der DDR-Jugendämter als »schwer erziehbar« eingestuft worden waren; dort sollten sie zu »regimekonformen« Bürger:innen (um-)erzogen werden. Besonders berüchtigt war der Jugendwerkhof Torgau, in den Jugendliche wegen Schulschwänzerei, Arbeitsbummelei, Diebstahl und anderer Delikte eingewiesen wurden. Das Hören verbotener Musik oder fehlende Linientreue konnten ebenfalls ein Grund sein. Die Psychologin Birgit Wagner, die zu den Folgen dieser Form der Heimerziehung geforscht hat, berichtet:

> »Die Kinder mussten sich bei der Ankunft im Flur nackt ausziehen. Dann wurden ihnen die Köpfe geschoren und schließlich wurden sie oft im Keller über mehrere Tage in einem dunklen Raum eingesperrt.«[5]

Ähnliche Methoden zur Ahndung von als »asozial« gewertetem Verhalten gab es auch in der BRD. So wurden viele Betroffene *vor* und *nach* der Wende stigmatisiert und ausgegrenzt.

Die Verfolgung sogenannter Asozialer hat, wie schon beschrieben, ihre Wurzeln im Nationalsozialismus. Die Kategorisierung von Menschen als »asozial«, ihre Stigmatisierung und Verfolgung wurden nach 1945 allerdings sowohl in der DDR als auch der BRD weitergeführt. In der DDR wurde etwa die Arbeitserziehung als Strafform erst 1977 abgeschafft. Und in der BRD wurden Mädchen noch bis in die 1970er-Jahre als »sexuell verwahrlost« in Erziehungsheime eingewiesen.[6] Die Initiative für einen Gedenkort ehemaliges KZ Uckermark e.V. macht auf diese Kontinuitäten der Verfolgung sogenannter Asozialer aufmerksam, in der sich Sexismus und Klassismus verschränken.[7]

Eine Aufarbeitung der nationalsozialistischen Verfolgung und Ermordung von Menschen, die als »asozial« klassifiziert worden waren, unterblieb im Westen wie im Osten weitestgehend, und nach der Wende fand – und findet – sie weiterhin kaum statt. Begriffe wie »Assi« oder »arbeitsscheu« werden noch immer verwendet und dienen der Stigmatisierung und Ausgrenzung von Menschen aus der Arbeiter:innen- und Armutsklasse.

Der Soziologe Steffen Mau beschreibt die DDR in seinem Buch *Lütten Klein – Leben in der ostdeutschen Transformationsgesellschaft* als eine nach unten gedrückte Gesellschaft, in der Aufstiegschancen stark beschränkt waren.[8] Wer durfte in der DDR studieren? Wer konnte aufsteigen? Unter der Parole »Brechung des Bildungsmonopols« wurden nach 1945 Maßnahmen ergriffen, um Kinder aus bildungsbenachteiligten Elternhäusern, vor allem Arbeiter:innen und Bäuer:innen, zu fördern. Wie der Soziologe Rainer Geißler betont, wurden diese seit den 1960er-Jahren jedoch wieder aus den Universitäten herausgedrängt. Die Aufstiegskanäle für Kinder aus der Arbeiter:innenklasse verstopften und ihre Studienchancen waren bald sogar schlechter als in der BRD.[9] Die neue sozialistische Intelligenz – viele davon selbst in den 1950er-Jahren aufgestiegen – sicherte sich Bildungsprivilegien für die eigenen Kinder und schüttete den Zugang für die anderen zu. So gab es für Kinder der sozialistischen Dienstklassen sogar eigene Schulen und Klassen, angeblich zur Förderung besonders begabter Kinder.

Die DDR war alles andere als frei von Bildungsungerechtigkeit. In vielen anderen Bereichen gab es aber deutlich weniger soziale Ungleichheiten als zeitgleich in der BRD oder heutzutage. Die Einkommensunterschiede waren gering, in der Folge war die soziale Lage von Arbeiter:innen besser als in der BRD. Die Vermögensunterschiede wurden durch Enteignungen, Verstaatlichung und Kollektivierung eingeebnet. Ein Recht auf Arbeit und Wohnen sowie günstiger Wohnraum sorgten für soziale Sicherheit, die soziale Versorgung wurde durch die Betriebe gewährleistet. Sie umfasste Kinderbetreuung, medizinische Versorgung, Wohnungszuteilung, Weiterbildung und Freizeit- und Urlaubsangebote. Es gab allerdings eine kleine politische Elite mit Privilegien, auch wenn sie diese zu verstecken versuchte. Die Arbeiter:innenklasse wurde von der führenden Partei SED hofiert. Die DDR war eine proletarische Gesellschaft; die Diskriminierung von Arbeiter:innen verbot sich folglich qua Staatsräson – wenngleich die Realität nie ganz frei davon war. Arbeitslose gab es kaum; die DDR war eine Arbeitsgesellschaft, die durchschnittliche Lohnarbeitszeit betrug 43,5 Stunden. Der Soziologe Rainer Geißler kommt zu dem Ergebnis, dass sich 90 Prozent der Arbeiter:innen in der DDR in ihren Arbeitskollektiven auch wohlfühlten.[10] Die Historiker:innen Renate Hürtgen und Bernd Gehrke beschreiben dagegen die Unzufriedenheit von Arbeiter:innen in der DDR, die im Herbst 1989 auch das Gros der Demonstrierenden stellten.[11] Denn die proletarische DDR-Gesellschaft hatte Kehrseiten, wie die bereits erwähnte massive Stigmatisierung und Sanktionierung von Personen, die den Idealen der Arbeitsgesellschaft nicht entsprechen konnten oder wollten. Eine Kritik an Arbeitsverhältnissen war nicht möglich, denn Arbeitskämpfe und Streiks waren nicht erlaubt. Darüber hinaus arbeiteten viele Menschen unter ihrem Qualifikationsniveau oder in Bereichen, die sie nicht gewählt hatten.

Bisher wird Klassismus fast ausschließlich aus einer westdeutschen Perspektive diskutiert. Dies muss sich ändern, denn die Erfahrungen Ostdeutscher mit Klassismus unterscheiden sich in vielerlei Hinsicht von denen Westdeutscher – gleichzeitig sind gerade Ostdeutsche häufiger von Klassismus betroffen. Dafür ist es wichtig, dass auch die historischen Kontinuitäten der Verfolgung sogenannter Asozialer in Ost und West diskutiert werden.

Kapitel 10:

Klassismus kommt selten allein: Mehrfachdiskriminierung und Klasse

Ostfeindlichkeit, Rassismus, Queerfeindlichkeit und andere Unterdrückungsverhältnisse verursachen Armut und soziale Ungleichheit. Sie beschränken den Zugang zum Arbeits- und Wohnungsmarkt und verweisen Menschen auf »ihren Platz« in der Klassengesellschaft. Um diese Verwobenheit wird es in diesem Kapitel gehen.[1]

1. Klassismus aus ostdeutscher Perspektive

Ob Menschen, die in Deutschland Klassismus erfahren, aus dem Osten oder Westen kommen, macht einen Unterschied. Fast alle Arbeiter:innenkinder, die heute prominent über ihre Erfahrungen mit Klassismus und über ihre soziale Herkunft berichten, sind in Westdeutschland aufgewachsen. Ostdeutsche Perspektiven kommen in der Debatte kaum vor. Sie sind unsichtbar. Wir dürfen Klassismus nicht nur aus westdeutscher Perspektive diskutieren, denn die Erfahrungen unterscheiden sich in vielerlei Hinsicht wesentlich. Diese Streitschrift macht den Anfang.

Die Diskriminierung Ostdeutscher zeigt sich strukturell und ebenso in Form alltäglicher Vorurteile. Stereotype über Ossis gibt es viele, und oft sind sie mit Klassismus verknüpft. Gut erkennbar ist dies etwa darin, dass es viele Witze über Ossis gibt, die häufig zugleich klassistische Vorurteile transportieren: »Was ist ein Ossi zwischen zwei Wessis? Eine Bildungslücke.« Dieser Witz zum Beispiel greift das Vorurteil auf, Ossis seien ungebildet. Zusätzlich dazu, dass Ostdeutschen Bildung abgesprochen wird, gelten sie auch als dumm, wie ein anderer Witz zeigt: »Warum sagt man nicht ›Du dummer Ossi?‹ – Man sagt ja auch nicht ›Du französischer Franzose‹.« Dass es dagegen nur wenige Witze über Wessis gibt, ist kein Zufall, sondern zeigt die Ostfeindlichkeit der Gesellschaft. Denn Witze bedienen oft Stereotype und dienen so der Absicherung struktureller Ungleichheit.[2]

2020 postete eine Lehrerin auf Instagram, dass sie mit armen Menschen nichts zu tun haben wolle, da diese sie oft sexistisch belästigten, insbesondere im Osten. Sie reagierte damit auf einen Post meinerseits, in dem ich auf den Sammelband *Solidarisch gegen Klassismus* aufmerksam gemacht hatte. Weiter schrieb sie, ich könne ruhig mal mit ihr tauschen und in Brandenburg als Lehrerin arbeiten – dann hätte auch ich mit den »bildungsfernen dicken Unterschichtsleuten« zu tun. Ostdeutsche gelten als sexistischer und als rassistischer als Westdeutsche, und eingeschrieben in diese Vorstellung ist das klassistische Bild des Prolls. Zusammengefasst ist dies im mir häufig begegnenden Klischee vom ostdeutschen »Nazi-Proll«.[3] Rassismus und Sexismus werden sehr gern dann skandalisiert, wenn es um ostdeutsche Arbeiter geht, also eine Gruppe, die nicht als gesellschaftliche

Norm angesehen wird. Oft wird beides der gesamten Gruppe pauschal unterstellt. Das ist fatal. Denn was auf diese Weise aus dem Blick gerät, sind der Rassismus und der Sexismus der Mittel- und Oberklasse, die sehr viel effektivere Möglichkeiten haben, ihre Einstellungen zu verbreiten. Davon lenkt die Einigung auf einen gemeinsamen Feind, die blöden Ostdeutschen, ab. Außerdem wird es so möglich, die gesellschaftliche Norm von solchen Einstellungen freizusprechen, als würden Rassismus und Sexismus hier nicht vorkommen. Der Post der besagten Lehrerin zeigt zusätzlich, dass Klassismus auch von Menschen befördert wird, die selbst Diskriminierung erleben, in diesem Fall als Frau. Dies geschieht zum Beispiel, indem persönliche Erfahrungen verallgemeinert werden und dabei das Bild verbreitet wird, dass arme Menschen oder Arbeiter:innen per se sexistischer oder rassistischer seien als andere. Der eine Bauarbeiter oder der eine Ostdeutsche, der sexistisch agiert hat, wird dann zum Sinnbild für alle Arbeiter oder alle Ostdeutschen.

Auch auf struktureller Ebene sind Klassismus und Ostdiskriminierung miteinander verwoben. Ostdeutsche Menschen werden auf dem Arbeitsmarkt diskriminiert. So ist der Anteil Ostdeutscher in gehobenen Positionen bis heute gering. Wie viele Professuren sind mit Ostdeutschen besetzt, im Westen, aber auch im Osten? Wie viele ostdeutsche Richter:innen gibt es? Wie viele Führungspersonen in Unternehmen sind ostdeutsch?[4] Ein weiteres Beispiel für Ostdiskriminierung auf dem Arbeitsmarkt wurde vor einiger Zeit öffentlich. Eine Frau hatte geklagt, nachdem sie eine Absage auf eine Bewerbung erhalten hatte und auf ihren Unterlagen »Ossi« vermerkt worden war. Ihre Klage wurde mit der Begründung abgewiesen, dass »Ossis« keine eigene Ethnie und folglich nicht durch das Allgemeine Gleichbehandlungsgesetz (AGG) geschützt seien. An diesem Fall zeigt sich deutlich, dass es höchste Zeit ist, dass Klassismus und Ostdiskriminierung als eigenständige Diskriminierungsmerkmale anerkannt werden, damit faktisch stattfindende Diskriminierungen auch in der Rechtsprechung ihren Niederschlag finden.

Ostdeutsche haben strukturell weniger Zugang zu ökonomischen Ressourcen als Westdeutsche. Der Verteilungsbericht des Wirtschafts- und Sozialwissenschaftlichen Instituts (WSI) der Hans-Böckler-Stiftung belegt dies eindrücklich. Ein ostdeutscher Hintergrund bedeutet in der Regel, nichts oder wenig zu erben. Der WSI-Verteilungsbericht 2020 zeigt, dass 6,5 Prozent der reichen Haushalte in Ostdeutschland und 93,5 im Westen des Landes liegen.[5] Das Vermögen von Westdeutschen ist im Vergleich zu Ostdeutschen doppelt so hoch. Immobilien sind in Ostdeutschland im Schnitt weniger wert als im Westen. Außerdem haben Ostdeutsche ein erhöhtes Risiko, von Armut betroffen zu sein. Ostdeutsche sind gemeinsam mit Arbeitslosen, Personen ohne Hochschulabschluss, Alleinerziehenden, Singles sowie Personen mit Migrationsgeschichte am häufigsten von Einkommensarmut betroffen. Die Arbeitslosenquoten im Osten sind nach wie vor höher und das Lohnniveau niedriger als im Westen.[6] Es gibt dementsprechend viele Menschen in Ostdeutschland, die Teil der Arbeiter:innen- oder Armutsklasse sind. Oft erleben sie Diskriminierungen aufgrund beider dieser Merkmale.

Was sind Gründe für die fortbestehende ökonomische Ungleichheit zwischen Ost- und Westdeutschen? Viele Ostdeutsche haben durch die Wende Brüche in ihren (Erwerbs-)Biografien, befördert durch die gesellschaftliche Abwertung ihrer Abschlüsse, Kompetenzen und Berufe nach der Wende. Durch die Politik der Treuhand, die die ostdeutsche Planwirtschaft in die westdeutsche Marktwirtschaft überführen sollte, verloren viele ihre Stellung, und einen neuen Job zu finden, war oft schwierig. Und wer weniger verdient und häufiger erwerbslos ist, kann schlechter Geld sparen und zur Seite legen.[7] Außerdem war es in der DDR schwieriger, Vermögen zu halten oder anzuhäufen, einerseits aufgrund staatlicher Umverteilung und Enteignung, andererseits da die meisten Menschen in klassischen Arbeiter:innenjobs mit eher geringer Entlohnung arbeiteten. Der Anteil an Wohneigentum war zudem geringer.

All diese Zusammenhänge bedingen, dass ein Osthintergrund oft mit Klassismuserfahrungen einhergeht. Dies gilt selbstredend nicht immer. Auch in der DDR gab es Klassenprivilegien, und wie Ostdeutsche die Wende verarbeiten konnten, variiert sehr stark. Insgesamt aber leben im Osten mehr einkommensarme und nichtakademische Menschen als im Westen, sodass es wichtig ist, Klassismus und Ostfeindlichkeit gemeinsam zu betrachten.

Die Verknüpfung dieser beiden Diskriminierungsformen ist ein wichtiger Punkt bei dem Kampf gegen rechtsextremes Gedankengut, denn die Rechte versucht, in Ostdeutschland über sozialpolitische Themen Fuß zu fassen und die Erfahrung der Ungleichheit für ihre menschenverachtenden Zwecke zu instrumentalisieren.

»Vollende die Wende«, lautete der Slogan auf einem Wahlplakat der AfD in Brandenburg, oder auch »Wir sind das Volk« und »Der Osten steht auf«. Die AfD-Fraktion spielt soziale Themen für ihr rassistisches und neoliberales Programm aus, welches von Ignoranz und Unternehmensinteressen geprägt ist.[8]

Um Klassismus wirksam entgegentreten zu können, müssen wir uns verstärkt mit dem Zusammenhang von Klassismus und Ostfeindlichkeit beschäftigen und dagegen arbeiten. Dann werden neue Bündnisse möglich und die antirassistische und feministische Arbeit im Osten Deutschlands kann so ebenfalls effektiver werden.

2. Klassismus und (Hetero-)Sexismus

Zu Beginn dieses Buches habe ich gezeigt, dass die Ursprünge des Klassismuskonzepts in (lesbisch-)feministischen und Schwarzen feministischen Räumen liegen. Das ist kein Wunder, denn oft wirken Klassismus, Sexismus, Queerfeindlichkeit und Rassismus zusammen. In ihrem Buch *Die Bedeutung von Klasse* zeigt die Schwarze Feministin bell hooks auf, dass insbesondere Schwarze Frauen am unteren Ende der US-Ökonomie stehen und dass sie neben Rassismus und Sexismus oft massiv von Klassismus betroffen sind. Die Politikwissenschaftlerin María do Mar Castro Varela zeigt in ihren Studien, dass sich Klassenverhältnisse, Geschlecht und Migration auch in Deutschland miteinander verweben. In dieser Streitschrift nehme ich die queeren und feministischen Spuren der Klassismusdebatte auf. Diese sollten Ausgangspunkt der Debatte zu Klassismus bleiben, da Unterdrückungsdimensionen oft miteinander verschränkt sind!

Einkommensarme Mütter sind häufig mit klassistischen Stereotypen konfrontiert. So transportiert der US-amerikanische Begriff »welfare queen« den klassistischen Vorwurf, auf staatliche Unterstützung angewiesene Mütter würden Kinder bekommen, um Kindergeld zu kassieren, wie ich schon in der Einleitung kurz angedeutet habe. Dies deckt sich mit der verbreiteten Ansicht, einkommensarme Menschen würden zu viele Kinder bekommen. Arme Mütter stehen oft unter Generalverdacht, keine guten Mütter zu sein. Ihnen wird unterstellt, sie seien nicht fürsorglich – und das, obwohl sie sehr viel weniger Möglichkeiten als klassenprivilegierte Mütter haben, Sorgearbeit auszulagern, zum Beispiel an Babysitter:innen oder Reinigungshilfen. Sie tragen ein Vielfaches an Belastung. Gleichzeitig ist alleinerziehende Mutterschaft eines der größten Armutsrisiken, 43 Prozent aller Ein-Eltern-Familien gelten in Deutschland als einkommensarm.[9]

Einkommensarmen Frauen und Arbeiter:innen wird oft unterstellt, sie seien sexuell sehr aktiv oder zu freizügig.[10] Von der gesellschaftlichen Norm werden sie als überschminkt oder zu grell gekleidet be- und abgewertet, Frauen aus der Ober- und Mittelklasse gelten im Gegenzug als natürlich. In Sendungen wie *Supernanny* wird dies auf die Spitze getrieben: Arme Frauen werden hier auf eine klischeehafte Art vorgeführt.

In der Abwertung von Frauen aus der Armuts- oder Arbeiter:innenklasse verbinden sich klassistische und sexistische (und unter Umständen rassistische, s. u.) Unterdrückungsformen. Diese Verwobenheit hat eine lange Geschichte, beispielsweise mit der Verfolgung sogenannter asozialer Frauen im Nationalsozialismus, zu denen zum Beispiel Sexarbeiter:innen zählten.

Wie eng Klassismus und Queer- und Transfeindlichkeit zusammenhängen, zeigt sich auch in der Situation vieler trans Personen. Ich habe im Rahmen einer Studie zu Sorgearbeit unter anderem erwerbslose trans Personen interviewt.[11] Erwerbslosigkeit erleben viele trans Personen, da sie häufig aufgrund von Transfeindlichkeit nach ihrem Coming-out als trans ihren Job verlieren und oft auch keinen neuen finden. Auf dem Wohnungsmarkt und im Gesundheitsbereich sind sie ebenso von Diskriminierung betroffen; für einkommensarme trans Personen ohne Vermögen hat dies besonders dramatische Folgen, da sie diese Diskriminierungen nicht durch ökonomische Ressourcen ausgleichen oder abschwächen können. So sind trans Personen aus der Armutsklasse von den Diskriminierungen aufgrund von Transfeindlichkeit härter getroffen – und gleichzeitig zwingen die Diskriminierungen trans Personen vermehrt in die Armutsklasse. Dementsprechend erleben trans Menschen gehäuft auch Klassismus. In der öffentlichen Debatte werden die Themen soziale Gerechtigkeit und geschlechtliche Vielfalt oft gegeneinander diskutiert, dabei sind sie häufig eng miteinander verwoben.

Feminismus sollte die Klassenfrage aufgrund dieser Zusammenhänge zentral setzen. Zu häufig werden Klassenunterschiede in feministischen Debatten aber negiert, oder sie werden lediglich erwähnt, ohne dass daraus Konsequenzen für politische Strategien und Ziele folgen.[12] Der bürgerliche Feminismus tendiert dazu, Themen auf die Agenda zu setzen, die für arme Frauen, Queers, trans und inter Personen nicht relevant sind, jedenfalls nicht existenziell, beispielsweise Quoten in Vorständen. Grundrente als Thema hingegen betrifft zahlreiche Frauen ganz grundlegend, da viele in Altersarmut leben (werden).[13] Der Ausbau von Nothilfen für wohnungslose Frauen und trans Personen oder die Anhebung des Hartz-IV-Satzes sind ebenso Themen, die aus einer klassenbewussten feministischen Perspektive naheliegen. Wir brauchen einen antikapitalistischen Feminismus! Denn von einem neoliberalen Feminismus werden nur Frauen und trans Personen mit Klassenprivilegien profitieren.

Aus einer Perspektive, die zusätzlich *globale* Verhältnisse berücksichtigt, stellt sich die Frage der Klassenunterschiede zwischen Frauen noch einmal radikaler. Denn aktuell profitieren hierzulande auch Frauen, Queers und trans Personen von der Ausbeutung von Frauen im Globalen Süden und von dem Nord-Süd-Lohngefälle. So emanzipieren sich beispielsweise *weiße* Frauen aus der Mittel- und Oberklasse teilweise, indem sie ärmere Frauen aus dem Globalen Süden bei sich anstellen, um sich selbst von der Haus- und Sorgearbeit zu befreien.

Es gibt wichtige Überschneidungen zwischen feministischen und antiklassistischen Themen. Wenn man betrachtet, welche Menschen von Armut betroffen sind, sind Frauen und trans Personen überrepräsentiert. Sie sind auch häufig in der unbezahlten Sorgearbeit tätig und in Berufsfeldern mit niedrigen Löhnen. Dies muss in der Klassismusdebatte stärker ins Zentrum rücken.

Nicht zuletzt, da das Konzept Klassismus in feministischen Räumen entwickelt wurde.

3. Klassismus und Rassismus

Der Journalist und Autor Houssam Hamade fordert, dass Klassismus und Rassismus zusammengedacht werden müssen, und weist darauf hin, dass beidem sehr ähnliche Ideologien zugrunde liegen.[14] Letzteres lässt sich an den Aussagen von Thilo Sarrazin zeigen, der rechte rassistische und klassistische Denkweisen miteinander kombiniert. In seinem Bestseller *Deutschland schafft sich ab* hetzt Sarrazin gegen Menschen, die ALG 2 beziehen, ebenso wie gegen türkische und arabische Migrant:innen. Beide Gruppen, Migrant:innen und einkommensarme Menschen, bekämen zu viele Kinder, so der Autor. Auf Basis dieser klassistischen These zeichnet er Untergangsszenarien bezüglich der *weißen* Ober- und Mittelklasse. Hier wird deutlich, was Houssam Hamade meint, wenn er betont, dass rassistische Vorstellungen häufig zugleich klassistisch sind – und umgekehrt. Oft werden etwa ganz ähnliche Zuschreibungen – wie grob, triebhaft und arbeitsscheu – verwendet, wenn Menschen klassistisch oder rassistisch abgewertet werden.[15]

Klassismus und Rassismus sind ineinandergreifende Systeme.[16] Rassismus verwehrt Menschen den Zutritt zum Arbeitsmarkt, zum Wohnungsmarkt und zum Bildungssystem. So verursacht der historisch gewachsene Rassismus Armut, wie auch Hamade erläutert.[17] Zum Beispiel haben Personen, deren Name als »nicht-deutsch« wahrgenommen wird, bei gleichen Bewerbungsunterlagen schlechtere Chancen, zu einem Bewerbungsgespräch eingeladen zu werden. Das führt dazu, dass Menschen, die Rassismus erfahren, häufig in schlecht bezahlten und unsicheren Jobs arbeiten. Aktuell arbeiten acht Millionen Menschen im Niedriglohnsektor, das ist jede vierte abhängig beschäftigte Person.[18] Migrant:innen arbeiten besonders oft im Niedriglohnbereich, so wurden beispielsweise im Jahr 2018 fast die Hälfte (44,4 Prozent) der Reinigungsarbeiten in Deutschland von Migrant:innen ausgeübt.[19] Sie haben dementsprechend ein höheres Armutsrisiko als *weiße* Personen und sind somit vermehrt der Armutsklasse zuzuordnen. Insbesondere geflüchtete Menschen und Arbeitsmigrant:innen werden oft brutal ausgebeutet, beispielsweise in der Fleischindustrie. Sexualisierte Gewalt und Missachtung von Arbeitsrechten sind dort keine Ausnahme. Auch auf dem Wohnungsmarkt ist Rassismus wirksam – oft verschränkt mit Klassismus – und so müssen Betroffene am Ende überhöhte Mieten zahlen, mit der Folge, dass sich bei einkommensarmen Menschen die existenziellen Sorgen noch einmal verschärfen. Rassistische Diskriminierungen wirken sich stärker aus, wenn Personen über weniger formale Bildungsabschlüsse, soziale Kontakte oder ökonomische Ressourcen verfügen und auf staatliche Hilfen und den freien Arbeits- oder Wohnungsmarkt angewiesen sind, da sie die rassistischen Diskriminierungen nicht abfangen können.[20] Rassismus und Klassismus verstärken sich also insbesondere auf dem Bildungs- und Wohnungsmarkt gegenseitig.

Nicht nur die eine oder die andere Unterdrückungsform zu beachten, sondern sie als miteinander verwoben wahrzunehmen, ist ganz zentral für solidarische politische Kämpfe.[21] Leider sind Personen, die Klassismus und Rassismus erleben, in gewerkschaftlichen Kämpfen und in der Arbeiter:innenbewegungen nicht immer angemessen repräsentiert. Solche Spaltungen und Diskriminierungen verhindern eine breite Bewegung und starke Bündnisse. Umso wichtiger ist es, verschiedene Formen der Diskriminierung nicht gegeneinander auszuspielen, sondern zusammenzudenken.

Kapitel 11:

Eng verknüpft: Kapitalismus und Klassismus

Wenn wir in unserer Gesellschaft über Klassismus sprechen, müssen wir immer auch über das kapitalistische System sprechen – und andersherum. Wie in den vorherigen Kapiteln deutlich gemacht, dient die Ideologie des Klassismus dazu, vorhandene Klassenverhältnisse und damit die bestehenden Machtverhältnisse aufrechtzuerhalten. Jene Machtverhältnisse sind in unserer Gesellschaft eng verknüpft mit dem kapitalistischen System. Klassismus stützt dieses System einerseits, andererseits wird er dadurch auch produziert. Es ist also wichtig, Klassismus- und Kapitalismuskritik zusammenzubringen. Wenn wir Kapitalismus als System kritisieren, müssen wir die Diskriminierungskategorie Klassismus in den Blick nehmen!

Im Feuilleton werden Klassismus- und Kapitalismuskritik oft als Widerspruch gegenübergestellt. Ansätzen, die mit dem Begriff Klassismus arbeiten, wird dabei unterstellt, sie trauten sich nicht, von Klasse oder Klassengesellschaft zu sprechen; außerdem wird ihnen vorgeworfen, von den »eigentlichen« Problemen – kapitalistischer Ausbeutung und der ungleichen Verteilung von Vermögen – abzulenken. Diesen Widerspruch halte ich für falsch. Das ergibt sich allein schon aus der Entstehungsgeschichte des Klassismusbegriffs, wie die Journalistin und Erwachsenenbildnerin Brigitte Theißl erläutert:

> »Die Entstehung des Begriffs ist eng mit feministischen, queeren und antirassistischen Bewegungen verknüpft, deren Aktivist:innen sich dagegen wehren, zum Nebenwiderspruch erklärt zu werden, die aber immer auch die ökonomische Frage im Blick haben. So stellt Klassismuskritik immer auch die (Um-)Verteilungsfrage und zielt auf das gute Leben für alle.«[1]

Kapitalismuskritik muss sich gegen Klassismus als Unterdrückungssystem richten. Unterdrückungsverhältnisse wie Sexismus, Rassismus, Transfeindlichkeit, Behindertenfeindlichkeit oder eben Klassismus legitimieren Ausbeutung und soziale Ungleichheit. Kapitalismuskritik, die diese Unterdrückungsverhältnisse ausblendet, läuft immer Gefahr, nur *weiße* heterosexuelle Männer in den Blick zu bekommen; gerade jene, die besonders prekär beschäftigt, schlecht entlohnt und wenig gewerkschaftlich organisiert sind, werden dann nicht berücksichtigt und nicht repräsentiert. Es ist fragwürdig, ob antikapitalistische Kämpfe armen Menschen und Arbeiter:innen dienen, wenn Klassismus deren Teilnahme an entsprechenden Gruppen und Protesten verhindert.

Wir können nicht darauf warten, bis der Kapitalismus abgeschafft ist, bevor wir Diskriminierungen entgegentreten, beide Kämpfe müssen gleichzeitig ablaufen. Auch spricht leider wenig dafür, dass Klassismus automatisch mit der Abschaffung des Kapitalismus verschwinden würde (ebenso wenig wie Sexismus und Rassismus), da diese Form der Unterdrückung tief verankert ist: Wir alle wurden klassistisch sozialisiert. Dass Menschen ohne Lohnarbeit Ausgrenzung erfahren oder dass Akademiker:innen mehr Macht innehaben, kann ebenso in einer nicht-kapitalistischen Gesellschaft passieren – und das tat es in der Vergangenheit bereits, wie ich am Beispiel der DDR gezeigt habe.

Autor:innen des Sammelbandes *Solidarisch gegen Klassismus*[2] berichten vom Klassismus, den sie in antikapitalistischen Gruppen persönlich erlebt oder beobachtet haben: Sie erzählen davon, ausgelacht zu werden, weil sie einen Fachbegriff nicht kannten, oder von mangelnder Solidarität mit Erwerbslosen, deren Proteste als nicht weitgehend genug abgewertet wurden.[3] Klassismus kann sich darin äußern, dass über Kapitalismus auf eine Weise gesprochen wird, die ein Universitätsstudium voraussetzt, oder darin, dass von oben herab versucht wird, »die Arbeiter« zu organisieren. Klassistische Vorurteile, etwa in Form der Annahme, Arbeiter:innen seien materialistisch, machen vor kapitalismuskritischen Kontexten nicht Halt, ebenso wenig wie Hass gegen erwerbslose oder wohnungslose Menschen.

Die Auseinandersetzung mit Klassismus, damit, wie wir die Klassengesellschaft im Alltag spüren und in ihr agieren, kann zur Herausbildung von »Klassenbewusstsein« und Organisierung beitragen. Aktuell verorten sich viele in der Mittelklasse, auch wenn sie in Armut leben und über keinerlei Vermögen verfügen.[4] Die Beschäftigung mit Klassismus kann befördern, dass sich materiell arme Menschen und Arbeiter:innen vernetzen, dass sie sich gegenseitig stärken, indem sie der verinnerlichten Scham entgegenwirken, und dass sie sich organisieren. Um den Kapitalismus abzuschaffen, brauchen wir Menschen, die sich organisieren und für ihre Klasseninteressen eintreten. Klassismuskritik hilft dabei, neoliberale Ideologien – beispielsweise die Vorstellung, jede:r könne es schaffen und sei des eigenen Glückes Schmied – zu analysieren und sich davon freizumachen.

Umgekehrt gilt: Klassismuskritik muss sich auch kritisch mit Fragen ökonomischer Verteilung und Ausbeutung auseinandersetzen. Klassismus sollte nicht auf eine Diversity-Kategorie reduziert werden, denn: Wenn im Kapitalismus eine Person auf der Leiter nach oben steigt, muss eine andere absteigen.[5] Es gilt also, wie die Autorin Olja Alvir betont, sich kritisch mit dem Konzept des sozialen Aufstiegs auseinanderzusetzen.[6] Auch wenn es einige Arbeiter:innenkinder mehr auf eine Professur schaffen, müssen die meisten anderen Angehörigen der Arbeiter:innenklasse weiterhin in schlecht bezahlten und schlecht anerkannten Jobs arbeiten, etwa als Reinigungskraft oder in der Fabrik.

Es geht also nicht darum, Leute individuell zu ermächtigen aufzusteigen, sondern um Empowerment und kollektive Selbstorganisierung mit dem Ziel grundlegender struktureller Veränderung. Das bedeutet, dass politische Veränderungen angestrebt werden, die das Leben materiell armer Menschen verbessern und die Schere zwischen Arm und Reich verkleinern, zum Beispiel mit einer Vermögens- oder Einkommenssteuer, mit der Anhebung des Mindestlohnes oder dem Schutz von Mieter:innen.

Wir müssen über Klassismus sprechen!

In dieser Streitschrift habe ich in die zu oft ignorierte Diskriminierungsform Klassismus eingeführt. Menschen erleben Klassismus aufgrund ihrer Klassen*herkunft*, beispielsweise Arbeiter:innenkinder an Hochschulen, sowie aufgrund ihrer Klassen*position*, wie etwa wohnungslose oder erwerbslose Personen. Klassismus durchzieht unser ganzes Leben, von der Geburt bis zum Tod. Dabei äußert er sich nicht nur in Form von Benachteiligungen, sondern ebenso in Klassenprivilegien. Oft verstärkt sich Klassismus im Zusammenspiel mit anderen Formen der Diskriminierung und wirkt sowohl auf individueller als auch auf struktureller Ebene. Zudem wird Klassismus verinnerlicht.

Klassismus ist eine Ideologie, die die kapitalistische Klassengesellschaft und die Ungerechtigkeit, Gewalt und Ausbeutung, die mit ihr einhergehen, aufrechterhält. Die Schere zwischen Arm und Reich geht immer weiter auseinander. Gleichzeitig ist der Widerstand gegen soziale Ungleichheit so schwach wie noch nie.[1] Dies hängt mit Klassismus zusammen. Die klassistische Ideologie versetzt Menschen in den Glauben, sie müssten sich nur genug anstrengen, um sich aus schlechten Verhältnissen zu befreien, und sie seien selbst schuld, wenn sie es nicht schaffen. Deswegen müssen wir über Klassismus reden![2] Aber es reicht natürlich nicht, nur über Klassismus zu *reden*: Wir müssen uns auch gegen Klassismus einsetzen, wir müssen eingreifen, uns organisieren und Geld und Ressourcen umverteilen.

Der Klassen- und der Klassismusbegriff sind hochaktuell. Der Soziologe Klaus Dörre betont, dass nach wie vor zwischen »herrschenden Klassen, die über die Produktionsmittel verfügen«, und anderen, »die deshalb gezwungen sind, ihre Arbeitskraft zu verkaufen«, ein Kampf um die gerechte Verteilung des Wohlstands ausgetragen wird.[3] Der gesellschaftliche Reichtum müsse denjenigen zurückgegeben werden, »die an wachsender Ungleichheit tatsächlich leiden«.[4] Das Thema soziale Gerechtigkeit wird aktuell allerdings von rechts vereinnahmt.[5] Dem müssen wir uns entgegenstellen. Von zentraler Bedeutung, um politisch dagegenhalten zu können, ist, dass die unterschiedlichen Unterdrückungssysteme nicht gegeneinander ausgespielt werden, sondern dass deren Verwobenheit ins Zentrum gestellt wird. Das heißt auch, soziale Gerechtigkeit mit Antidiskriminierung zusammenzudenken, beides ist ohne das andere unzulänglich. Klassismus ist eine wichtige Kategorie, um Ungleichheit und Diskriminierung aufzudecken, ebenso wichtig wie Sexismus und andere Unterdrückungskategorien – und sie muss mehr Beachtung finden. Emanzipatorische Bewegungen, die gegen verschiedene Arten der Ausgrenzung eintreten, stehen hierbei nicht in Konkurrenz zueinander. In dieser Streitschrift habe ich Klassismus daher unter anderem aus ostdeutscher Perspektive betrachtet sowie andere Achsen von Unterdrückung in den Blick genommen.

Sich gegen Klassismus einzusetzen, ist auf verschiedenen Wegen möglich. Ein erster Schritt ist der Bewusstseinswandel. Wir alle sind in einer Gesellschaft aufgewachsen, die durchzogen ist von klassistischen Vorstellungen. Um ihnen entgegenzuwirken, ist es wichtig, zunächst ein Bewusstsein für Vorurteile zu schaffen, die unreflektiert zu klassistischer Abwertung führen. Vorstellungen über Klassenunterschiede sitzen tief und können unser Urteil über andere Menschen beeinflussen – selbst wenn wir uns frei davon glauben. Menschen, die aus vermögenden Verhältnissen stammen, lade ich dazu ein, sich mit der eigenen Familiengeschichte auseinanderzusetzen und der Frage nachzugehen, woher das eigene Vermögen eigentlich stammt. Oft spielt die Ausbeutung anderer eine Rolle, und gegebenenfalls eine Geschichte der Gewalt und Enteignung. Es geht bei der Auseinandersetzung mit Klassismus also auch ganz konkret um die Auseinandersetzung mit der eigenen Klassenherkunft, genauso wie der aktuellen Klassenposition.

Da Sprache Wirklichkeit schafft und Folgen hat, kann sie Veränderung bewirken. Aus diesem Grund habe ich in dieses Buch viele Begriffe einfließen lassen, die in Selbstorganisierungen erwerbsloser Menschen, wohnungsloser Menschen und von Arbeiter:innenkindern im Bildungssystem entwickelt wurden. Um sprachlich deutlich zu machen, dass sie Sorgearbeit, ehrenamtliche Arbeit oder Lohnarbeit leisten, die nicht oder sehr gering bezahlt wird, sprechen Erwerbslosenaktivist:innen von »Erwerbslosigkeit« und nicht von »Arbeitslosigkeit«.

Mit Gruppennamen wie Hängematten oder Die glücklichen Arbeitslosen entlarven sie ironisch die Klischees von den faulen und bemitleidenswerten Erwerbslosen. Das Arbeiter:innenkinderreferat fakE spielt mit seinem Namen auf ein Gefühl an, das viele Arbeiter:innenkinder am Gymnasium oder auf der Universität haben: fehl am Platz zu sein, dem bürgerlichen Umfeld etwas vorzuspielen und die Angst, entlarvt zu werden. Solche Namen können auf klassistische Dynamiken aufmerksam machen. Gegenrede zu äußern, wenn klassistische Begriffe wie »Assi«, »Proll«, »Hartzer« oder »arbeitsscheu« fallen, sind ebenfalls Formen sprachlicher Intervention. Und natürlich klassismuskritische Begriffe zu entwickeln und zu verwenden: sei es »erwerbslos« statt »arbeitslos«, »bildungsbürgertumsfern« statt »bildungsfern«, »einkommensarm« statt »sozial schwach«.

Klassismus, so betonen die Soziolog:innen Andreas Kemper und Heike Weinbach, ist nicht nur eine Unterdrückungs- sondern genauso eine Widerstandsgeschichte.[6] Der Widerstand gegen klassenbezogene Unterdrückung und Ausgrenzung, den beispielsweise Prololesben-Gruppen, Erwerbslosenbewegungen, Wohnungslosenselbstorganisation oder wilde Streiks leisteten, wird zu oft ignoriert oder nicht ernst genommen. Deswegen möchte ich Sie und euch als Leser:innen anregen, auf die Suche zu gehen nach klassismuskritischen Bewegungen in der Umgebung, seien sie historisch oder aktuell. Es geht beim Einsatz gegen Klassismus auch darum, solche Initiativen anzuerkennen und von jenen zu lernen, die sich bereits gegen Klassismus engagieren. Klassismuskritisch handeln bedeutet also zum Beispiel: sich über die vorangegangenen Kämpfe zu informieren und aktuelle zu unterstützen. Ohne die Arbeiter:innenbewegung gäbe es keinen Achtstundentag, ohne gesellschaftlichen Druck verändert sich nichts. Es ist höchste Zeit für Power-Sharing, das Abgeben von Macht und Privilegien. Glücklicherweise ist es nicht mehr üblich, ein Podium zu einem feministischen Thema vor allem oder ausschließlich mit Männern zu besetzen. Wenn aber fünf Professor:innen aus der Mittel- und Oberklasse über die Klassengesellschaft diskutieren, stört sich fast niemand daran. Klassismuskritisch zu handeln bedeutet unter Umständen auch: Macht und Mikro abgeben.

Klassismus kann und sollte allerdings nicht nur auf der Ebene der Sprache und Anerkennung begegnet werden. Denn es geht zusätzlich um jenen strukturell verankerten Klassismus, der eingeschrieben ist in Gesetze, ins Gesundheitssystem, in die Familienpolitik, ins Bildungssystem, um nur einige Beispiele zu nennen. Naheliegende Maßnahmen umfassen eine Vermögenssteuer, eine Erbschaftssteuer, die Erhöhung des Mindestlohns, die Abschaffung von Hartz IV, die Abschaffung des dreigliedrigen Schulsystems; eine weitere ist die Aufnahme von sozialer Herkunft und sozialem Status als Kategorien in das Allgemeine Gleichbehandlungsgesetz (AGG). Langfristig gesehen sollten wir für ein Wirtschaftssystem kämpfen, das weder Menschen noch andere Lebewesen ausbeutet, das die Belastungsgrenzen der Erde achtet und in dem die Bedürfnisse aller im Mittelpunkt stehen – und nicht die Kapitalinteressen weniger. Kapitalismus ist ein ungerechtes Wirtschaftssystem. Die acht reichsten Menschen weltweit besitzen ein Vermögen von 426,2 Milliarden US-Dollar, sie besitzen damit so viel wie die ärmere Hälfte der Weltbevölkerung.[7]

Der Reichtum ist unfassbar ungerecht verteilt – dabei wäre genug für alle da. Der Kampf gegen Klassismus ist dementsprechend auch immer ein Kampf gegen Kapitalismus.

Dieses Buch soll zeigen, wie die oft ignorierte Diskriminierungskategorie Klassismus unsere Gesellschaft umfassend prägt. Mein Ziel ist, Menschen für Klassismus zu sensibilisieren, damit wir gemeinsam für eine sozial gerechtere Gesellschaft kämpfen. Es reicht nicht, über Klassismus zu reden und neue Theorien zu entwickeln, wir sollten auch ins klassismuskritische Handeln kommen. Das kann vieles bedeuten: Gegenrede, wenn erwerbslosenfeindliche Äußerungen fallen oder jemand einen Kevin-Witz erzählt; eigene Vorurteile hinterfragen und abbauen; bei einer Initiative für Steuergerechtigkeit mitmachen; sich auf einer Demo für bezahlbaren Wohnraum einsetzen; eine lokale Erwerbsloseninitiative unterstützen; bei einem Arbeiter:innenkinderreferat mitmachen und für Zugänge an Hochschulen kämpfen; das Mikrofon abgeben und andere zu Wort kommen lassen. Alle können sich solidarisch zeigen, Klassismus kritisieren und klassismuskritisch handeln.

Klassismus stellt eine ernstzunehmende Gefahr für unsere Gesellschaft dar: Menschenverachtende Einstellungen gegen erwerbslose und wohnungslose Menschen nehmen zu. Die soziale Ungleichheit wird immer größer und Klassismus als Ideologie hilft, vorhandene Klassenverhältnisse aufrechtzuerhalten. Um gegen soziale Ungleichheit vorzugehen, ist es dringend notwendig, dass wir uns der Diskriminierungsform Klassismus zuwenden. Nur auf diese Weise können wir soziale Gerechtigkeit erreichen!

Quellen und Anmerkungen

Einleitung

1 Friedrich Merz (2020): Es gewöhnen sich zu viele Menschen daran, nicht zu arbeiten. Interview in »Die richtigen Fragen im BILD-Talk«. URL: https://www.youtube.com/watch?v=1vhvzHbX1fI, zuletzt abgerufen am 13.12.2021.
2 In dem Essay *Kohlenkeller* in der Anthologie *Klasse und Kampf* gehe ich detaillierter auf Klassismus aus einer autobiografischen Perspektive ein (Baron/Barankow 2021).
3 Zu den Kontinuitäten der Verfolgung sogenannter Asozialer siehe Allex/Kalkan, 2009
4 OECD, 2018
5 Winkler, 2021
6 Arbeiterkammer Wien, 2020
7 Der Spiegel: Die reichsten zehn Prozent verursachen mehr als ein Drittel der Treibhausgase, 13.08.2021
8 Dörre, 2020
9 Antiklassistische Assoziation, 2020
10 Zick/Küpper/Berghan, 2019
11 Siehe hierzu das Konzept der Neuen Klassenpolitik: Friedrich/Redaktion analyse & kritik, 2018

Klassismus: Die ignorierte Diskriminierungsform

1 Seeck/Theißl, 2020
2 Kemper/Weinbach, 2009: 16
3 Ich schreibe *weiß* klein und kursiv, da es keine ermächtigende Selbstbezeichnung ist, sondern eine privilegierte Posi-

tion innerhalb von einem rassistischen System benennt (Piesche/Arndt, 2011). Schwarz wird als politisch gewählte Selbstbezeichnung hingegen großgeschrieben.

4 Tügel, 2020
5 Oxfam, 2017
6 Der Paritätische Gesamtverband, 2020
7 Bundesamt für Statistik, 2021
8 Armutskonferenz, 2021
9 Fratzscher, 2021
10 Fratzscher, 2021
11 Vgl. Abou, 2020
12 Zur feministischen Geschichte des Klassismusansatzes siehe Roßhart, 2016
13 Siehe Kemper/Weinbach, 2009: 33; Myron, 1972
14 Siehe hooks, 2020
15 Zu der Geschichte der Arbeiter:innentöchter siehe Bublitz, 1980; Theling, 1986
16 Zur Geschichte der Prololesben-Gruppen siehe Witte, 2007; Gitti/Erna/Lynda/Gabi, 1998; Knupp-Rabe, 1999
17 Während der Soziologe Ulrich Beck 1986 in seinem Buch *Risikogesellschaft* noch von einem »Fahrstuhleffekt« schreibt – »die ›Klassengesellschaft‹ wird insgesamt eine Etage höher gefahren« –, spricht Oliver Nachtwey 2016 in seinem Buch *Die Abstiegsgesellschaft* von einem Dauerlauf auf einer »Rolltreppe nach unten«.

In eine Klasse geboren werden

1 Langston, 2000
2 Zu Klassismus in den Medien siehe umfassend Theißl, 2017
3 Der Standard: Die Falschen kriegen die Kinder, 08.02.2005
4 Vgl. Sarrazin, 2010
5 Ich bezeichne solche Positionen in diesem Buch als Klassismus. Synonym werden für solche Positionen auch die Begriffe Sozialchauvinismus und Sozialdarwinismus verwendet (Lenzen, 2015).
6 Kemper, 2011

7 In den Theorien von Thilo Sarrazin und öffentlichen Debatten sind Rassismus und Klassismus eng verbunden, da meistens einkommensarme und von Rassismus betroffene Familien gleichermaßen stigmatisiert werden.
8 Niggemann, 2019
9 Dehler, 2020
10 Mae Brown, 1974
11 Vgl. Candeias, 2021
12 Zu Kritik an theoretischer Klassenpolitik, der keine Praxis folgt, siehe Seeck, 2019

Plattenbau oder Eigentumswohnung?

1 Langston, 2000
2 Neben der Gefahr einer Coronainfektion droht wohnungslosen Menschen auf der Straße der Erfrierungstod. Unter dem Motto »Kein Dach über dem Kopf« sammelt die Selbstvertretung wohnungsloser Menschen e.V. Geld, um Hotelzimmer für wohnungslose Menschen anzumieten, um diese vor dem Erfrieren zu schützen (Roggemann, 2021).
3 Daniela Dröscher schreibt in *Zeige deine Klasse* über Scham und Klassismus entlang von drei Ds: »dicke Mutter, Dorf, Dialekt« (Dröscher, 2018).
4 Zur Verwobenheit von Diskriminierung, Privilegien und Scham siehe Dehler, 2020
5 Bourdieu, 1982 & 1992
6 In Großstädten mit hohen Mieten haben mittlerweile Menschen aus verschiedenen Klassen und Milieus Schwierigkeiten, bezahlbaren Wohnraum zu finden. Irene Götz diskutiert dies in ihrer Studie *Kein Ruhestand. Wie Frauen mit Altersarmut umgehen* am Beispiel München (Götz, 2019).
7 Junker, 2018
8 Caldart, 2018
9 Solche Stadtführungen und Kneipentouren durch »authentische« Arbeiter:innen können als Armutstourismus oder Poverty Porn bezeichnet werden.

10 Caldart, 2018
11 Caldart, 2018
12 Kriminelle Strukturen von einkommensreichen Menschen, wie beispielsweise bei Steuerhinterziehung, werden hingegen nicht als Clan-Strukturen betitelt.
13 Winkler, 2021
14 MyGruni, o.A.
15 MyGruni, o.A.

Schwellen: Klasse und Bildung

1 Heike Weinbach und Andreas Kemper verwenden dafür den Begriff Bildungsklassismus (Kemper/Weinbach 2020).
2 Kemper/Weinbach, 2020: 121
3 Kemper/Weinbach, 2020: 121
4 Kemper/Weinbach, 2020: 121
5 Mittlerweile wurde die Hauptschule in einigen Bundesländern in Deutschland abgeschafft und in Österreich existiert sie als Schulform nicht mehr.
6 Wellgraf, 2021
7 Kemper/Weinbach, 2020: 122
8 Zu dem System Hauptschule siehe Wellgraf, 2013
9 In Untersuchungen zur Bildungsmobilität gilt man als Akademiker:innenkind, wenn mindestens ein Elternteil studiert hat. Klassenherkunft macht sich an den Berufen fest, die die Mitglieder der Herkunftsfamilie ausüb(t)en, an deren akademischen Abschlüssen, aber auch an den finanziellen Möglichkeiten.
10 Schulze/Unger/Hradil, 2008
11 Stubbe/Bos/Schurig, 2017
12 Kemper/Weinbach, 2009
13 In einigen Bundesländern ist die Empfehlung bindend.
14 In Hamburg gab es beispielsweise einen Volksentscheid, als die Gymnasialzeit um zwei Jahre verkürzt werden sollte (Lehmann, 2019).
15 Kracke/Buck/Middendorff, 2018
16 Mehr Informationen zu diesem Thema gibt es beispielsweise bei Care Leaver e.V.

17 Kelly, 2021: 67–68
18 Vgl. Altieri/Hüttner, 2020
19 Altieri/Hüttner, 2020: 10
20 Vgl. Reuter u.a., 2020
21 Zu Habitus-Struktur-Konflikten, die Arbeiter:innenkinder im Studium erleben, siehe Schmitt, 2010
22 Hier werden elitäre Netzwerke und der »Stallgeruch« besonders relevant, siehe Möller, 2015
23 Zusätzlich zur Finanzierung des Studiums muss mit einem Einkommensausfall gerechnet werden, denn solange man studiert, kann man nur begrenzt eigenes Geld verdienen.
24 Kemper, 2020

Ausgeladen werden: Klassismus im Kulturbetrieb

1 Tiefensee/Grabka, 2017
2 Auch in der Schweiz und Österreich sind Erbschaften sehr ungleich verteilt (Bondolfi, 2019; Mittermann, 2020).
3 Initiative für Solidarität am Theater, 2020
4 Abou, 2017
5 Da im Kulturbereich kulturelles und soziales Kapital einen großen Einfluss haben, wird dieser Mechanismus verstärkt.
6 Zu dem Begriff Klassenreise und den Erfahrungen Klassenreisender siehe Aumair/Theißl, 2020
7 Clara Rosa, 2011
8 Brigitte Theißl und Betina Aumair verwenden den Begriff Klassenreise für einen Übergang von der Arbeiter:innen- oder Armutsklasse in die Mittel- oder Oberklasse (Aumair/Theißl 2020).

Erwerbslosenfeindlichkeit

1 Zick/Küpper/Berghan, 2019
2 Baron/Steinwachs, 2012
3 Baron/Steinwachs, 2012

4 Friedrich, 2021
5 Dies zeigt sich auch in dem bürgerlichen Stereotyp, erwerbslose Menschen würden viele Kinder bekommen.
6 Friedrich, 2021
7 Butterwegge, 2020
8 Seeck, 2009
9 Seeck, 2021
10 Leimbach, 2020
11 Die Berliner Erwerbsloseninitiative BASTA!, 2020: 60
12 Zu einer fundamentalen Kritik am Hartz-IV-System siehe Hannemann, 2015
13 Sanktionsfrei, o.A.
14 Sanktionsfrei, o.A.
15 Antiklassistische Assoziation, 2020
16 Hinweise für eine respektvolle Armutsberichterstattung siehe Armutskonferenz, 2018
17 Zur Geschichte der Arbeitslosenproteste und -räte im 19. Jahrhundert siehe Seeck, o.A.
18 Welche Gesellschaft, 2020
19 Analyse und Kritik, 2000
20 Analyse und Kritik, 2000
21 Zur Geschichte von Erwerbslosenprotesten in Deutschland siehe Rein, 2014
22 Seeck, 2021
23 Seeck/Theißl, 2020

Wohnungslosenfeindlichkeit

1 Ein Beispiel ist das Erinnerungsprojekt »NIEMAND IST VERGESSEN! In Gedenken an Dieter Eich«. Dieter Eich wurde im Jahre 2000 von Nazis ermordet (Niemand ist vergessen!, 2021).
2 Amer, 2020: 80
3 Noll, 2021
4 Kurpjuweit, 2018
5 Amer, 2020: 80/81
6 Zur Perspektive von wohnungslosen Frauen siehe Steckelberg, 2010

7 Noll, 2021
8 Selbstvertretung wohnungsloser Menschen e.V., 2016

Gesundheit: Eine Frage der Klasse!

1 Für Menschen ohne Krankenversicherung ist der Gang zur Ärzt:in oft schwierig und mit hohen Kosten verbunden. Clearingstellen vermitteln Kooperationen mit Ärzt:innen und organisieren Kostenübernahmen (Peter, 2018).
2 Lampert et al., 2016
3 Bartig/Kalkum/Le/Lewick, 2021
4 Seeck, 2017
5 Pühringer, 2019
6 AOK, 2020
7 Der Zugang zu Wissen und verfügbare Zeit spielten hierbei ebenfalls eine Rolle (Koester, 2021).
8 Auch eine fehlende Impfbereitschaft hängt oft mit fehlendem Vertrauen in Ärzt:innen zusammen, ausgelöst durch diskriminierende Erfahrungen (Koester, 2021).
9 Seeck, 2017
10 Albrecht, 2017
11 Gesundheitskollektiv Berlin, o.A.

Klassismus in der DDR

1 Seeck, 2012
2 Korzilius, 2012
3 Seeck, 2012
4 Seeck, 2012
5 Donner, 2021
6 Auch heute wird einkommensarmen Mädchen und Frauen oft unterstellt, sie seien »obszön«, »frühreif«, »freizügig«, »promiskuitiv« (Clara Rosa, 2012).
7 Die Initiative schreibt: »Der Haftgrund ›sexuelle Verwahrlosung‹ war genauso willkürlich wie der Haftgrund ›Asozial‹. Er wurde gegen Frauen und Mädchen eingesetzt,

die dem nationalsozialistischen Frauenbild nicht entsprechen wollten oder konnten und ihre vermeintlichen Aufgaben als – zukünftige – Gattin und Mutter zum Nutzen der Volksgemeinschaft nicht erfüllten.« (Die Initiative für einen Gedenkort ehemaliges KZ Uckermark e.V., 2010)

8 Mau, 2019

9 Geißler, 2014

10 Geißler, 2014

11 Gehrke/Hürtgen, 2012

Klassismus kommt selten allein: Mehrfachdiskriminierung und Klasse

1 Ein ausgeklammertes Thema in Forschung und Öffentlichkeit ist die Verbindung von Klassismus/Klasse und Antisemitismus. Ansatzpunkte wären hier die Verarmung von Jüd:innen durch Enteignungen im NS und das antisemitische Klischee, dass Jüd:innen reich seien.

2 Auch unter den Dialekten werden ostdeutsche ganz besonders abgewertet, sie gelten als dümmlich und ungebildet.

3 Vgl. Brenner, 2013

4 Die Leipziger Elitestudie von 2016 zeigte, dass knapp 23 Prozent der Eliten ostdeutsch sind, bei etwa 87 Prozent Bevölkerungsanteil in Ostdeutschland. Der Transfer von überwiegend jungen westdeutschen Eliten nach 1990 scheint die Spitzenpositionen in Ostdeutschland über dreißig Jahre lang entscheidend blockiert zu haben (Lengfeld, 2019).

5 Kohlrausch/Zucco/Hövermann, 2020

6 Kohlrausch/Zucco/Hövermann, 2020

7 Nach dem Ende der DDR wurde die Treuhandanstalt gegründet mit dem Ziel, volkseigene Betriebe in die Privatwirtschaft zu führen. Dies resultierte in einem Verlust von Millionen Arbeitsplätzen und der Privatisierung vieler Betriebe (Rosa-Luxemburg-Stiftung, 2019).

8 Kipping/Lay, 2021

9 Bertelsmann Stiftung, 2021

10 Sexismus und Klassismus verschränken sich häufig, Mäd-

chen und Frauen aus der Arbeiter:innenklasse treffen spezifische Stereotype (Weinbach, 2014).

11 Seeck, 2021

12 Zu transfeministischen Perspektiven auf Klasse und Klassenpolitik siehe Becker, 2018

13 Zum Thema weibliche Altersarmut siehe auch Götz, 2019

14 Hamade, 2020

15 Zur historischen Verschränkung von Klassismus und Rassismus siehe Hamade, 2020

16 Zur Verschränkung von Rassismus und Klassismus siehe Arzouni, 2018

17 Hamade, 2020

18 Zum Thema Niedriglohnbereich und prekäre Beschäftigung hat Veronika Bohrn Mena das empfehlenswerte Buch *Die neue ArbeiterInnenklasse: Menschen in prekären Verhältnissen* (2018) geschrieben.

19 Auch im Bereich der Altenpflege, bei der Post und als Fahrer:innen im Straßenverkehr arbeiten viele Migrant:innen (al-Khalil/Lietz/Mayer, 2020).

20 Kawlath, 2020

21 Auch Behindertenfeindlichkeit und Klassismus sind oft aufs Engste verwoben. Personen, die als »nicht-leistungsfähig« gelten, werden massiv ausgegrenzt.

Eng verknüpft: Kapitalismus und Klassismus

1 Theißl, 2021

2 Ähnliches berichteten auch Autor:innen des Buches *Mit geballter Faust in der Tasche. Klassenkonflikte in der Linken in Schweden*, siehe Kuhn, 2009

3 Tschulanov, 2020

4 Ulrike Hermann analysiert in ihrem Buch *Der Selbstbetrug der Mittelschicht*, warum die Mehrheit der Menschen sich der Mittelklasse bzw. Mittelschicht zugehörig fühlt. Die Mittelklasse überschätze ihren Status und verwende viel Kraft darauf, sich von der Armutsklasse abzugrenzen (Hermann, 2012).

5 Es gibt jedoch auch überzeugende Ansätze, Diversity und Soziale Gerechtigkeit zusammen zu denken, siehe Perko/Czollek, 2012
6 Avir, 2020

Wir müssen über Klassismus sprechen!

1 Rohde, 2021
2 Andreas Kemper forderte bereits 2015 auf, endlich über Klassismus zu sprechen, siehe Kemper, 2015
3 Rohde, 2021
4 Rohde, 2021
5 Dörre, 2020
6 Kemper/Weinbach, 2009: 51
7 Oxfam, 2017

Literatur

Abou, Tanja (2020): Prololesben und Arbeiter:innentöchter – Interventionen in den feministischen Mainstream der 1980er- und 1990er-Jahre. In: Seeck, Francis/Theißl, Brigitte (Hg.): Solidarisch gegen Klassismus. Organisieren, intervenieren, umverteilen. Münster: Unrast, 97–106.

Abou, Tanja (2017): Klassismus. Oder: Was meine ich eigentlich, wenn ich von Klassismus spreche? Eine Annäherung. Informations- und Dokumentationszentrum für Antirassismusarbeit e.V. (IDA).

al-Khalil, Samir/Lietz, Almuth/Mayer, Sabrina J. (2020): Systemrelevant und prekär beschäftigt: Wie Migrant*innen unser Gemeinwesen aufrechterhalten. DeZIM-Institut.

Albrecht, Magda (2017): Vor dem Tod sind alle gleich? Mädchenmannschaft. URL: https://maedchenmannschaft.net/vor-dem-tod-sind-alle-gleich, zuletzt abgerufen am 12.11.2021.

Allex, Anne/Kalkan, Dietrich (Hg.) (2009): Ausgesteuert – ausgegrenzt … angeblich asozial. AG SPAK Bücher.

Alvir, Olja (2020): Nieder mit der Sprossenwand! Brechen wir mit der Vorstellung vom sozialen Aufstieg. In: Seeck, Francis/Theißl, Brigitte (Hg.): Solidarisch gegen Klassismus. Intervenieren, organisieren, umverteilen. Münster: Unrast, 19–28.

Amer, Regina (2020): »Ich habe wegen der politischen Verhältnisse eine Mordswut im Bauch«. Ein Interview. In: Seeck, Francis/Theißl, Brigitte (Hg.): Solidarisch gegen Klassismus. Intervenieren, organisieren, umverteilen. Münster: Unrast, 81–85.

Antiklassistische Assoziation (2020): Antiklassistische Assoziation unterstützt die Kampagne #Hartzfacts. [Pressemitteilung,

14.06.2020]. URL: http://arfake-koeln.de/?page_id=413, zuletzt abgerufen am 12.11.2021.

AOK (2020): Corona: Arbeitslose haben höheres Risiko für Krankenhaus-Aufenthalte. [Pressemitteilung, 15.06.2020]. URL: https://www.aok.de/pk/fileadmin/user_upload/AOK-Rheinland-Hamburg/07-Presse/Dokumente/Pressemitteilungen/PM_Soziale_Unterschiede_Covid-19-Pandemie.pdf, zuletzt abgerufen am 12.11.2021.

Arbeiterkammer Wien (2020): Vermögensverteilung. Für die vielen, nicht die wenigen. Wien.

Arzouni, Salma (2018): Klassismus in Organisationen. Faktencheck 2018/01. Berlin: DeutschPlus e.V.

Aumair, Betina / Theißl, Brigitte (2020): Klassenreise. Wie die soziale Herkunft unser Leben prägt. Wien: ÖGB Verlag.

Barankow, Maria / Baron, Christian (Hg.) (2021): Klasse und Kampf. Berlin: Claassen.

Baron, Christian (2019): Ein Mann seiner Klasse. Berlin: Ullstein.

Baron, Christian / Steinwachs, Britta (2012): Faul, Frech, Dreist. Die Diskriminierung von Erwerbslosen durch Bild-Leser:innen. Münster: edition assemblage.

Bartig, Susanne / Kalkum, Dorina / Le, Ha Mi / Lewicki, Aleksandra (2021): Diskriminierungsrisiken und Diskriminierungsschutz im Gesundheitswesen – Wissensstand und Forschungsbedarf für die Antidiskriminierungsforschung. Studie im Auftrag der Antidiskriminierungsstelle des Bundes. Berlin: Antidiskriminierungsstelle des Bundes.

Beck, Ulrich (1986): Risikogesellschaft. Auf dem Weg in eine andere Moderne. Frankfurt am Main: Suhrkamp.

Becker, Lia (2018): New Queens on the Block. Transfeminismus und neue Klassenpolitik. In: LUXEMBURG – Gesellschaftsanalyse und linke Praxis, 02/2018.

Bertelsmann Stiftung (2021): Trotz Arbeit abgehängt: Armutsrisiko von Alleinerziehenden verharrt auf hohem Niveau. URL: https://www.bertelsmann-stiftung.de/de/themen/aktuelle-meldungen/2021/juli/armutsrisiko-von-alleinerziehenden-verharrt-auf-hohem-niveau, zuletzt abgerufen am 12.11.2021.

Bohrn Mena, Veronika (2018): Die neue ArbeiterInnenklasse: Menschen in prekären Verhältnissen. Wien: ÖGB Verlag.

Bondolfi, Sibilla (2019): Ungerecht? Erbschaften in der Schweiz auf Jahrhunderthoch. In: SWI swissinfo.ch, 15.12.2019. URL: https://www.swissinfo.ch/ger/gesellschaft/serie-soziale-ungleichheit_ungerecht–erbschaften-in-der-schweiz-auf-jahrhunderthoch/45413864, zuletzt abgerufen am 12.11.2021.

Bourdieu, Pierre (1992): Die verborgenen Mechanismen der Macht. Hamburg: VSA Verlag.

Bourdieu, Pierre (1982): Die feinen Unterschiede. Frankfurt am Main: Suhrkamp.

Brakonier, Verena (o.A.): Class matters (immer noch). URL: https://classmatters534934411.wordpress.com, zuletzt abgerufen am 12.11.2021.

Brenner, Basiliko (2013): Der Nazi-Ork aus Hellersdorf. In: Vice, 23.08.2013.

Brown, Rita Mae (1974): The last straw. In: Bunch, Charlotte/Myron, Nancy (Hg.): Class and feminism. A Collection of Essays from The Furies. Baltimore: Diana Press, 13–23.

Bublitz, Hannelore (1980): Ich gehörte irgendwie so nirgends hin. Arbeitertöchter an der Hochschule. Gießen: Focus Verlag.

Bundesamt für Statistik (2020): Armutsgefährdung. URL: https://www.bfs.admin.ch/bfs/de/home/statistiken/wirtschaftliche-soziale-situation-bevoelkerung/soziale-situation-wohlbefinden-und-armut/armut-und-materielle-entbehrungen/armutsgefaehrdung.html, zuletzt abgerufen am 12.11.2021.

Butterwegge, Christoph (2020): Bildungsaufstieg – Realität, Utopie und/oder Ideologie? In: Reuter, Julia u.a. (Hg.): Vom Arbeiterkind zur Professur: Sozialer Aufstieg in der Wissenschaft. Autobiographische Notizen und soziobiographische Analysen. Bielefeld: Transcript Verlag, 89–102.

Caldart, Isabella (2018): »Da gab es ja vorher nix«. Interview. Wie Verdrängung und Ausschluss in der Stadt vonstattengehen, erklärt Tashy Endres. In: der Freitag, 37/2018.

Candeias, Mario (Hg.) (2021): Klassentheorie – Vom Making und Remaking. Berlin: Argument Verlag.

Castro Varela, María do Mar (2006): Postkoloniale feministische Theorie und soziale Gerechtigkeit. In: Degener, Ursula/Rosenzweig, Beate (Hg.): Die Neuverhandlung sozialer Gerechtigkeit. Wiesbaden: VS Verlag für Sozialwissenschaften, 97–114.

Clara Rosa (2012): I am not a… In: Class Matters Blog. URL: http://clararosa.blogsport.de/index.php?s=verwahrlost, zuletzt abgerufen am 12.11.2021.

Clara Rosa (2011): »Dieses Scheiß Hamsterrad-Gefühl«. In: Class Matters Blog. URL: http://clararosa.blogsport.de/2011/12/06/dieses-scheiss-hamsterrad-gefuehl/, zuletzt abgerufen am 12.11.2021.

Dehler, Sannik Ben (2020): Scham umarmen. Berlin: w_orten & meer.

Der Paritätische Gesamtverband (2020): Gegen Armut hilft Geld. Der Paritätische Armutsbericht 2020. Berlin.

Die Armutskonferenz (2021): Armut in Österreich. Aktuelle Armutszahlen. Wien. URL: https://www.armutskonferenz.at/armut-in-oesterreich/aktuelle-armuts-und-verteilungszahlen.html, zuletzt abgerufen am 12.11.2021.

Die Armutskonferenz (2018): Leitfaden für respektvolle Armutsberichterstattung. Schreiben und Berichten über Armut. Wien.

Die Berliner Erwerbsloseninitiative BASTA! (2020): Ein schriftliches Interview. In: Seeck, Francis/Theißl, Brigitte (Hg.): Solidarisch gegen Klassismus. Organisieren, intervenieren, umverteilen. Münster: Unrast, 59–69.

Donner, Susanne (2021): DDR-Heimkinder. Seelisch und körperlich misshandelt. In: Der Tagesspiegel, 21.01.2021.

Dörre, Klaus (2020): In der Warteschlange. Arbeiter:innen und die radikale Rechte. Münster: Westfälisches Dampfboot.

Dröscher, Daniela/Fürstenberg, Paula (Hg.) (2021): check your habitus. Berlin: Sukultur.

Dröscher, Daniela (2018): Zeige deine Klasse. Die Geschichte meiner sozialen Herkunft. Hamburg: Hoffmann und Campe.

Eribon, Didier (2016): Rückkehr nach Reims. Berlin: Suhrkamp.

Fratzscher, Marcel (2021): Milliardäre sind die Pandemiegewinner. In: DIW, 21.5.2021. URL: https://www.diw.de/de/diw_01.c.818535.de/nachrichten/milliardaere_sind_die_pandemiegewinner.html, zuletzt abgerufen am 12.11.2021.

Friedrich, Sebastian (2021): (un)sichtbare Klasse!?! – Der faule Arbeitslose und die fleißige Leistungsgesellschaft: Die Funktion des Arbeitslosenstereotyps. Vortrag am 12. Januar 2021 im Rahmen der Reihe »(un)sichtbare Klasse?!« URL: https://www.youtube.com/watch?v=jYWxqLj1aAc, zuletzt abgerufen am 12.11.2021.

Friedrich, Sebastian / Redaktion analyse & kritik (Hg.) (2018): Neue Klassenpolitik. Linke Strategien gegen Rechtsruck und Neoliberalismus. Berlin: Bertz # Fischer.

Friedrichs, Julia (2016): Wir Erben. Warum Deutschland ungerechter wird. München: Piper.

Gehrke, Bernd / Hürtgen, Renate (2012): Die demokratische Revolution in der DDR und die Rolle der Betriebsbelegschaften. In: Seeck, Anne (Hg.): Das Begehren anders zu sein. Politische und kulturelle Dissidenz von 68 bis zum Scheitern der DDR. Münster: Unrast, 234–267.

Geißler, Rainer (2014): Die Sozialstruktur Deutschlands. Wiesbaden: Springer VS.

Gesundheitskollektiv Berlin (o.A.): Bisherige und anstehende Schritte. URL: https://www.geko-berlin.de/ueber-uns/bisher/, zuletzt abgerufen am 12.11.2021.

Gitti / Erna / Lynda / Gabi (1998): Prololesben. In: Brunnmüller, Monika / Probst, Sabine / Schmidt, Evamaria (Hg.): Dokumentation der 2. und 3. Berliner Lesbenwoche 1986 und 1987. Berlin: Selbstverlag, 180–188.

Götz, Irene (2019): Kein Ruhestand: wie Frauen mit Altersarmut umgehen. München: Kunstmann.

Hamade, Houssam (2020): Klassismus und Rassismus zusammen gedacht. Vortrag am 15. Dezember 2020 im Rahmen der Reihe »(un)sichtbare Klasse!?« URL: https://www.youtube.com/watch?v=4T5efOWaLpo, zuletzt abgerufen am 12.11.2021.

Hannemann, Inge (2015): Die Hartz-IV-Diktatur. Hamburg / Berlin: Rowohlt.

Hermann, Ulrike (2012): Hurra, wir dürfen zahlen: Der Selbstbetrug der Mittelschicht. München: Piper.

hooks, bell (2020): Die Bedeutung von Klasse. Warum die Verhältnisse nicht auf Rassismus und Sexismus zu reduzieren sind. Münster: Unrast.

Hüttner, Bernd / Altieri, Riccardo (Hg.) (2020): Klassismus und Wissenschaft. Marburg: BDWI.

Initiative für einen Gedenkort ehemaliges KZ Uckermark e.V. (2010): Die Geschlechterspezifik der »Asozialenverfolgung«. Redebeitrag für den Gedenktag an die »Aktion Arbeitsscheu Reich«. Berlin. URL: http://www.gedenkort-kz-uckermark.de/assets/downloads/berichte/2010_redebeitrag_geschlechtsspezifik_verfolgung.pdf, zuletzt abgerufen am 12.11.2021.

Initiative für Solidarität am Theater (2020): How to be an ally? Machtkritik am Theater. URL: https://diversity-arts-culture.berlin/magazin/how-be-ally, zuletzt abgerufen am 12.11.2021.

Junker, Stephan (2018): Wohnverhältnisse in Deutschland. Mietbelastung, soziale Ungleichheit und Armut. Kurzgutachten im Auftrag des Sozialverband Deutschland e.V. Berlin: Sozialverband Deutschland e.V.

Kawlath, Friederike (2020): Klassismus intersektional denken. In: Blog kikk, 10.04.2020. URL: https://kikk-bildungsban.de/2020/04/30/blog/, zuletzt abgerufen am 12.11.2021.

Kelly, Natasha A. (2021): Rassismus. Strukturelle Probleme brauchen strukturelle Lösungen! Zürich: Atrium.

Kemper, Andreas (2020): Deren Angst vor uns. Politische Selbstorganisierung an Hochschulen. In: Seeck, Francis/Brigitte Theißl (Hg.): Solidarisch gegen Klassismus. Intervenieren, organisieren, umverteilen. Münster: Unrast, 198–208.

Kemper, Andreas (2015): »Klassismus!« heißt Angriff. Warum wir von Klassismus sprechen sollten – und warum dies bisher nicht geschah. In: Kurswechsel 4/15, 25–31.

Kemper, Andreas (2011): Erbgesundheit gerettet: Daniel Bahr ist Gesundheitsminister. In: The Dishwasher, 12.05.2011. URL: http://dishwasher.blogsport.de/2011/05/12/erbgesundheit-gerettet-daniel-bahr-ist-gesundheitsminister/, zuletzt abgerufen am 12.11.2021.

Kemper, Andreas/Weinbach, Heike (2009): Klassismus. Eine Einführung. Münster: Unrast.

Kipping, Katja/Lay, Caren (2021): Sozialkonzept der AfD. Soziale Kälte und Treten nach unten. In: nd, 27.5.2021.

Knupp-Rabe, Anna (1999): Für manche sind es Brüche, für uns Aufbrüche. Die Geschichte einer Berliner Prololesbengruppe. In: Hügel, Ika/Lange, Chris/Ayim, May u.a. (Hg.): Entfernte Verbindungen: Rassismus, Antisemitismus, Klassenunterdrückung. Berlin: Orlanda, 43–48.

Koester, Elsa (2021): Ohne Vertrauen klappt es nicht. In: der Freitag, 30/2021.

Kohlrausch, Bettina / Zucco, Aline / Hövermann, Andreas (2020): Verteilungsbericht 2020. Die Einkommensungleichheit wird durch die Corona-Krise noch weiter verstärkt. WSI-Report Nr. 62, November 2020. Düsseldorf: Wirtschafts- und Sozialwissenschaftliches Institut (WSI) der Hans-Böckler-Stiftung.

Korzilius, Sven (2012): »Asoziale« und das Ende der DDR. In: Seeck, Anne (Hg.): Das Begehren anders zu sein. Politische und kulturelle Dissidenz von 68 bis zum Scheitern der DDR. Münster: Unrast, 200–216.

Kracke, Nancy / Buck, Daniel / Middendorff, Elke (2018): Beteiligung an Hochschulbildung. Chancen(un)gleichheit in Deutschland. In: DZHW Brief 03 2018. Hannover: DZHW.

Kuhn, Gabriel (2009): Mit geballter Faust in der Tasche. Klassenkonflikte in der Linken – Debatten aus Schweden. Moers: Syndikat-A.

Kurpjuweit, Klaus (2018): Bahn will Drogenszene mit Musik vergraulen. In: Der Tagesspiegel, 17.8.2018.

Lampert, Thomas / Richter, Matthias / Schneider, Sven / Spallek, Jacob / Dragano, Nico (2016): Soziale Ungleichheit und Gesundheit: Stand und Perspektiven der sozialepidemiologischen Forschung in Deutschland. In: Bundesgesundheitsblatt – Gesundheitsforschung – Gesundheitsschutz 59 (2), 153–165.

Langston, Donna (2000): Tired of playing monopoly. In: Adams, Maurianne u. a. (Hg.): Readings for diversity and social justice. New York: Routledge, 397–402.

Lehmann, Anna (2019): Schafft das Gymnasium ab! In: Friedrichs Bildungsblog, Friedrich-Ebert-Stiftung, 12.12.2019. URL: https://www.fes.de/themenportal-bildung-arbeit-digitalisierung/bildung/artikelseite-bildungsblog/schafft-das-gymnasium-ab, zuletzt abgerufen am 12.11.2021.

Leimbach, Alina (2020): Die guten Erwerbslosen. In: nd, 11.04.2020.

Lengfeld, Holger (2019): Kaum Posten für den Osten. In: Bundeszentrale für politische Bildung, 10.09.2019. URL: https://www.bpb.de/geschichte/zeitgeschichte/deutschlandarchiv/296773/kaum-posten-fuer-den-osten, zuletzt abgerufen am 12.11.2021.

Lenzen, Manuela (2015): Was ist Sozialdarwinismus? In: Bundeszentrale für politische Bildung, 20.10.2015. URL: https://www.bpb.de/politik/extremismus/rechtsextremismus/214188/was-ist-sozialdarwinismus, zuletzt abgerufen am 12.11.2021.

Louis, Édouard (2016): Das Ende von Eddy. Frankfurt a. Main: Fischer.

Mau, Steffen (2019): Lütten Klein: Leben in der ostdeutschen Transformationsgesellschaft. Berlin: Suhrkamp.

Mayr, Anna (2020): Die Elenden. Warum unsere Gesellschaft Arbeitslose verachtet und sie dennoch braucht. Berlin: Hanser.

Meulenbelt, Anja (1988): Scheidelinien über Sexismus, Rassismus und Klassismus. Reinbek: Rowohlt.

Mittermann, Beatrix (2020): Die Spirale der Ungleichheit: Vermögensverteilung in Österreich. Arbeit und Wirtschaft. URL: https://www.arbeit-wirtschaft.at/vermoegensverteilung-in-oesterreich/, zuletzt abgerufen am 12.11.2021.

Möller, Christina (2015): Herkunft zählt (fast) immer: Soziale Ungleichheiten unter Universitätsprofessorinnen und -professoren. Weinheim, Basel: Beltz Juventa.

MyGruni (o.A.): QMGrunewald. URL: https://mygruni.de, zuletzt abgerufen am 12.11.2021.

Myron, Nancy (1972): Class Beginnings. In: The Furies. Lesbian/Feminist Monthly 1 (3), 2–3.

Nachtwey, Oliver (2016): Die Abstiegsgesellschaft. Über das Aufbegehren in der regressiven Moderne. Frankfurt am Main: Suhrkamp.

Niemand ist vergessen (2021): NIEMAND IST VERGESSEN! In Gedenken an Dieter Eich. URL: http://dietereich.niemandistvergessen.net/, zuletzt abgerufen am 12.11.2021.

Niggemann, Jan (2019): Bildungsbausteine Klassismus. In: Lebuhn, Ann-Katrin/Höse, Vanessa (Hg.): Ansätze und Perspektiven emanzipatorischer Jugendbildung. Berlin: Rosa-Luxemburg-Stiftung, 18–29.

Noll, Nora (2021): Kein Recht auf Wohnen. In: An.schläge (o.A.). URL: https://anschlaege.at/kein-recht-auf-wohnen/, zuletzt abgerufen am 12.11.2021.

o.A. (2000): Wir holen uns, was uns zusteht. Soziale Aneignungsbewegung in Hamburg. In: analyse & kritik, 08.06.2000, Nr. 439.

OECD (2018): Ist der Soziale Aufzug kaputt? Wege zur Förderung der sozialen Mobilität. URL: https://www.oecd.org/berlin/publikationen/SocMob%20country%20note_DEU_de.pdf, zuletzt abgerufen am 12.11.2021.

Oxfam (2017): 8 Männer besitzen so viel wie die ärmere Hälfte der Weltbevölkerung. URL: https://www.oxfam.de/ueber-uns/aktuelles/2017-01-16-8-maenner-besitzen-so-viel-aermere-haelfte-weltbevoelkerung, zuletzt abgerufen am 12.11.2021.

Perko, Gudrun / Czollek, Leah (2012): Social Justice und Diversity Training: Intersektionalität als Diversitymodell und Strukturanalyse von Diskriminierung und Exklusion. URL: http://portal-intersektionalitaet.de/uploads/media/Perko_Czollek.pdf, zuletzt abgerufen am 12.11.2021.

Peter, Erik (2018): Ohne Krankenversicherung in Berlin. Gesundheit für fast jeden. In: taz, 25.10.2018.

Piesche, Peggy / Arndt, Susan (2011): Weißsein. Die Notwendigkeit kritischer Weißseinsforschung. In: Arndt, Susan / Ofuatey-Alazard, Nadja (Hg.): Wie Rassismus aus Wörtern spricht. (K)Erben des Kolonialismus im Wissensarchiv deutsche Sprache. Ein kritisches Nachschlagewerk. Münster: Unrast, 463–483.

Pühringer, Marco (2019): Verteilungsgerechtigkeit. Wer arm ist, stirbt 10 Jahre früher – und zahlt die Pensionen der Gutverdiener. In: Kontrast, 21.1.2019. URL: https://kontrast.at/armut-lebenserwartung-pensionen/, zuletzt abgerufen am 12.11.2021.

Rein, Harald (Hg.) (2014): Dreißig Jahre Erwerbslosenprotest 1982–2013. Dokumentation, Analyse und Perspektive. Neu-Ulm: AK Spak.

Reuter, Julia u.a. (Hg.) (2020): Vom Arbeiterkind zur Professur: Sozialer Aufstieg in der Wissenschaft. Autobiographische Notizen und soziobiographische Analysen. Bielefeld: Transcript Verlag.

Roggemann, Jens (2021): Unsere Winter-Spendenaktion: Kein Dach über dem Kopf! URL: https://selbstvertretung-wohnungsloser-menschen.org/2021/09/unsere-winter-spendenaktion-kein-dach-uber-dem-kopf/, zuletzt abgerufen am 12.11.2021.

Rohde, Stephanie (2021): Klassismus: Ausgegrenzt wegen Armut. »Es geht um verinnerlichte Vorurteile«. Francis Seeck und Klaus Dörre im Gespräch mit Stephanie Rohde. Sein und Streit. In: Deutschlandfunk Kultur, 20.06.2021. URL: https://www.deutschlandfunkkultur.de/klassismus-ausgegrenzt-wegen-armut-es-geht-um.2162.de.html?dram:article_id=499020, zuletzt abgerufen am 12.11.2021.

Rosa-Luxemburg-Stiftung (2019): Schicksal Treuhand – Treuhand-Schicksale. Begleitbuch zur gleichnamigen Ausstellung. Berlin.

Roßhart, Julia (2016): Klassenunterschiede im feministischen Bewegungsalltag. Anti-klassistische Interventionen in der Frauen- und Lesbenbewegung der 80er und 90er Jahre in der BRD. Berlin: w_orten & meer.

Sanktionsfrei (o.A.): HartzFacts. URL: https://sanktionsfrei.de/hartzfacts, zuletzt abgerufen am 12.11.2021.

Sanktionsfrei (o.A.): FAQ. URL: https://sanktionsfrei.de/faq, zuletzt abgerufen am 12.11.2021.

Sarrazin, Thilo (2010): Deutschland schafft sich ab. Wie wir unser Land aufs Spiel setzen. München: DVA.

Schmitt, Lars (2010): Bestellt und nicht abgeholt. Soziale Ungleichheit und Habitus-Struktur-Konflikte im Studium. Wiesbaden: VS Verlag.

Schulze, Alexander/Unger, Rainer/Hradil, Stefan (2008): Bildungschancen und Lernbedingungen an Wiesbadener Grundschulen am Übergang zur Sekundarstufe 1. Projekt- und Ergebnisbericht zur Vollerhebung der GrundschülerInnen der 4. Klasse im Schuljahr 2006/07. Wiesbaden: Eigenverlag.

Seeck, Anne (2021): Die Vergessenen. In: analyse & kritik, 16.03.2021, Nr. 669.

Seeck, Anne (2019): »Neue Klassenpolitik«: Papiertiger oder neuer Aufbruch? In: Contraste. Zeitung für Selbstorganisation (o.A.). URL: http://bis201908.contraste.org/index.php?id=363, zuletzt abgerufen am 12.11.2021.

Seeck, Anne (Hg.) (2012): Das Begehren anders zu sein. Politische und kulturelle Dissidenz von 68 bis zum Scheitern der DDR. Münster: Unrast.

Seeck, Anne (2009): Erwerbslosenprotest- ein Resümeè. In: Trend Online-Zeitung 2/10. URL: http://www.trend.infopartisan.

net/trd0210/trd090210.html, zuletzt abgerufen am 12.11.2021.

Seeck, Anne (o.A.): Zur Geschichte der Sozialproteste. In: Trend Online-Zeitung 2/10. URL: http://www.trend.infopartisan.net/trd0210/trd570210.html, zuletzt abgerufen am 12.11.2021.

Seeck, Francis (2021): Care trans_formieren: Eine ethnographische Studie zu trans und nicht-binärer Sorgearbeit. Bielefeld: transcript Verlag.

Seeck, Francis (2021): Kohlenkeller. In: Barankow, Maria/Baron, Christian (Hg.): Klasse und Kampf. Berlin: Claassen, 65–81.

Seeck, Francis/Theißl, Brigitte (2020): Solidarisch gegen Klassismus. Intervenieren, organisieren, umverteilen. Münster: Unrast.

Seeck, Francis (2017): Recht auf Trauer. Bestattungen aus machtkritischer Perspektive. Münster: edition assemblage.

Selbstvertretung wohnungsloser Menschen e.V. (2016): Die Selbstvertretung wohnungsloser Menschen (e.V.) stellt sich vor. URL: https://selbstvertretung-wohnungsloser-menschen.org/2016/05/die-selbstvertretung-wohnungsloser-menschen-e-v-stellt-sich-vor/, zuletzt abgerufen am 12.11.2021.

Steckelberg, Claudia (2010): Zwischen Ausschluss und Anerkennung: Lebenswelten wohnungsloser Mädchen und junger Frauen. Wiesbaden: Springer-Verlag.

Stubbe, Tobias C./Bos, Wilfried/Schurig, Michael (2017): Der Übergang von der Primar- in die Sekundarstufe. In: IGLU 2016. Lesekompetenzen von Grundschulkindern in Deutschland im internationalen Vergleich. Münster/New York: Waxmann, 235–259.

Theißl, Brigitte (2021): Was ist Klassismus? In: Volksstimme-Blog (o.A.). URL: http://volksstimme.at/index.php/zwischenrufe-links/item/467-willkommen-zur-debatte.html, zuletzt abgerufen am 12.11.2021.

Theißl, Brigitte (2017): Gegen die da unten. In: Anschläge 8/2017. URL: https://anschlaege.at/gegen-die-da-unten/, zuletzt abgerufen am 12.11.2021.

Theling, Gabriele (1986): Vielleicht wäre ich als Verkäuferin glücklicher geworden. Arbeitertöchter und Hochschule. Münster: Westfälisches Dampfboot.

Tiefensee, Anita/Grabka, Markus M. (2017): Das Erbvolumen in Deutschland dürfte um gut ein Viertel größer sein als bisher angenommen. In: DIW Wochenbericht Nr. 27, 565–570.

Tschulanov, Arslan (2020): Die geballte Faust aus der Tasche holen – Klassismus innerhalb der deutschen Linken. Ein Erfahrungsbericht. In: Seeck, Francis/Theißl, Brigitte (Hg.): Solidarisch gegen Klassismus. Intervenieren, organisieren, umverteilen. Münster: Unrast, 138–146.

Tügel, Nelli (2020): Vor dem Virus sind nicht alle gleich. In: analyse & kritik, 17.03.2020, Nr. 658.

Weinbach, Heike (2020): »Klassismus«: eine Analysekategorie für Frauenarmutskontexte? In: Dackweiler, Regina-Maria/Rau, Alexandra/Schäfer, Reinhild (Hg.): Frauen und Armut – Feministische Perspektiven. Opladen/Berlin/Toronto: Barbara Budrich, 105–124.

Weinbach, Heike (2014): Kultur der Respektlosigkeit. In: Migrazine 2014/2. URL: http://www.migrazine.at/artikel/kultur-der-respektlosigkeit, zuletzt abgerufen am 12.11.2021.

Welche Gesellschaft (2020): Rückblick auf die Geschichte der Erwerbslosen- und Jobberinitiativen Schwarze Katze in Hamburg. URL: https://welche-gesellschaft.org/rueckblick-auf-die-geschichte-der-erwerbslosen-und-jobberinitiativen-schwarze-katze-in-hamburg/, zuletzt abgerufen am 12.11.2021.

Wellgraf, Stefan (2021): Ausgrenzungsapparat Schule. Wie unser Bildungssystem soziale Spaltungen verschärft. Bielefeld: Transcript.

Wellgraf, Stefan (2013): »The Hidden Injuries of Class«. Mechanismen und Wirkungen von Klassismus in der Hauptschule. In: Giebeler, Cornelia/Rademacher, Claudia/Schulze, Erika (Hg.): Intersektionen von race, class, gender, body. Theoretische Zugänge und qualitative Forschungen in Handlungsfeldern der Sozialen Arbeit. Opladen/Berlin/Toronto: Barbara Buderich, 39–60.

Winkler, Adrian (2021): Ungleiche Vermögensverteilung. Wer hat, dem wird gegeben – auch in der Krise. In: SRF, 04.02.2021. URL: https://www.srf.ch/sendungen/dok/wer-hat-dem-wird-gegeben-auch-in-der-krise, zuletzt abgerufen am 12.11.2021.

Winkler, Michèle (2021): Clan-Kriminalität als rassistisches Konzept. Interview mit dem Journalisten Mohamed Amjahid. In: Grundrechte-Komitee, 17.05.2021. URL: https://www.grundrechtekomitee.de/details/clan-kriminalitaet-als-rassistisches-konzept-interview-mit-dem-journalisten-mohamed-amjahid, zuletzt abgerufen am 12.11.2021.

Witte, Martina (2007): Prolo-Lesben. In: Dennert, Gabriele/Leidinger, Christiane/Rauchut, Franziska (Hg.): In Bewegung bleiben. 100 Jahre Politik, Kultur und Geschichte von Lesben. Berlin: Querverlag, 178–181.

Zick, Andreas/Küpper, Beate/Berghan, Wilhelm (2019): Verlorene Mitte – Feindselige Zustände. Rechtsextreme Einstellungen in Deutschland 2018/19. Berlin: Hg. für die Friedrich-Ebert-Stiftung v. Franziska Schröter.

Danksagung

Ich bedanke mich herzlich bei folgenden Personen, die mich in unterschiedlicher Weise bei der Verfassung und Veröffentlichung dieser Schrift unterstützt haben. Danke an: Urte Schröder, Julia Roßhart, Julia Eichhorn, Daniela Dröscher, Sannik Ben Dehler, Anne Seeck, Brigitte Theißl, Tanja Abou und Christian Baron. Ich bedanke mich auch bei den Teilnehmer:innen von meinen Fortbildungen und Workshops sowie Studierenden meiner Seminare zu Klassismus an der Hochschule Neubrandenburg für die wichtigen Denkanstöße. Ein großer Dank gilt auch den Autor:innen von *Solidarisch gegen Klassismus. Organisieren, intervenieren, umverteilen* für die vielen gemeinsamen Diskussionen zum Thema, die dieses Buch maßgeblich geprägt haben.

Francis Seeck, 1987 in Ostberlin geboren, ist promovierte Kulturanthropolog:in und Antidiskriminierungstrainer:in. Als Kind einer alleinerziehenden, erwerbslosen Mutter erlebte Seeck schon früh die Auswirkungen der Klassengesellschaft. Heute forscht und lehrt Seeck zu Klassismus und sozialer Gerechtigkeit, nach einer Vertretungsprofessur für Soziologie und Sozialarbeitswissenschaft an der Hochschule Neubrandenburg nun als Post-Doc an der HU Berlin. 2020 gab Seeck den breit beachteten Sammelband *Solidarisch gegen Klassismus* mit Brigitte Theißl heraus.

ZÜNDSTOFF –

Bücher für die wichtigen Debatten

Bijan Moini: *Rettet die Freiheit! Ein Weckruf im digitalen Zeitalter*

Jakob Simmank: *Einsamkeit. Warum wir aus einem Gefühl keine Krankheit machen sollten*

Natasha A. Kelly: *Rassismus. Strukturelle Probleme brauchen strukturelle Lösungen!*

David Gutensohn: *Pflege in der Krise. Applaus ist nicht genug*

Sebastian Sons: *Menschenrechte sind nicht käuflich. Warum die WM in Katar auch bei uns zu einer neuen Politik führen muss*